Kampfausbilder Ronny

GORCH FICK

Kampfausbilder Ronny

GORCH FICK

Lustige Geschichten aus der Bundeswehr

riva

Bibliografische Information der Deutschen Nationalbibliothek:
Die Deutsche Nationalbibliothek verzeichnet diese Publikation in der Deutschen Nationalbibliografie;
detaillierte bibliografische Daten sind im Internet über
http://d-nb.de abrufbar.

Für Fragen und Anregungen:
kampfausbilderronny@rivaverlag.de

1. Auflage 2011
© 2011 by riva Verlag, ein Imprint der Münchner Verlagsgruppe GmbH,
Nymphenburger Straße 86
D-80636 München
Tel.: 089 651285-0
Fax: 089 652096

Redaktion: Dr. Ulrich Mihr, Tübingen
Umschlaggestaltung: Maria Wittek, München
Umschlagillustration: Ralph Bittner, München
Satz: Daniel Förster, Grafikstudio Foerster, Belgern
Druck: CPI – Ebner & Spiegel, Ulm
Printed in Germany

ISBN 978-3-86883-161-0

Weitere Infos zum Thema

www.rivaverlag.de

Gern übersenden wir Ihnen unser aktuelles Verlagsprogramm.

INHALT

*Die Bundeswehr wurde bereits
in der Bibel beschrieben:*

Sie trugen seltsame Gewänder und irrten umher.

ANTRETEN ZUM WEGTRETEN!

 Fangen wir mit dem offiziellen Kram an.
Der Name »Bundeswehr« ist die amtliche
Bezeichnung der Streitkräfte der Bundes-
republik Deutschland und ihrer zivilen
Verwaltung. Inoffiziell hat sie aber noch
andere Namen, z.B. »BUND« oder »Truppe«.

Eigentlich ist sie für die Sicherheit
unseres Landes verantwortlich, manche
bezeichnen den Bund aber unverschämter-
weise als staatlich gesponserten Pfad-
finderverein.

Aber anders als bei den Pfadfindern,
deren Motto ja schließlich »jeden Tag
eine gute Tat« lautet, sind es bei der
Bundeswehr mehrere Motti, die sie aus-
machen und formen. So hat z.B. der
Minensucher das Motto: »Wer suchet, der
findet, wer drauftritt, verschwindet.«
Und das sollte er auch wörtlich nehmen.
Das ist nicht so ein Schmuse-Kinderfa-
schingsmotto wie bei den Pfadfindern,
sondern die überlebenswichtige Wahrheit.
Ein weiteres Motto ist »Wir betrink...
äh.. befrieden den Balkan.« Was natürlich eine lobens- und nennenswerte Sache
ist. Für den Frieden habe ich die Jungs
zwar nicht gedrillt, aber ich habe dafür
einen Orden bekommen.

Eine der großen Errungenschaften der
Bundeswehr ist ihre Fähigkeit zur Effi-
zienz. Diese spiegelt sich im täglichen
Leben in einer großen Liebe zu Abkürzungen wider. Böse Zungen behaupten
ja, die Bundeswehr leide an einem aku-
ten Abkürzungsfimmel, oder auch nur kurz
Aküfi genannt. Zu diesen Kameraden kann
ich nur sagen: »Ihr habt den Sinn und
Zweck dieses meisterhaft ausgeklügel-
ten Fimmels nicht verstanden!« Er spart
Platz auf dem Papier und es muss nicht
so viel geschrieben werden. Deswegen war
es für mich natürlich Kampfausbilder-
Ehrensache, auch dieses Buch im Origi-
nal-Bundeswehr-Jargon, dem OrBuJa, zu
schreiben. Aber falls Sie ein Zivilist,
Verweigerer oder gar eine Frau sind und
daher nicht wissen sollten, dass ein
HFw ein Hauptfeldwebel, ein StUffz ein
Stabsunteroffizier und ein Lolli oder ein
Lt ein Leutnant ist, gibt es ganz am
Ende des Buches ein kleines Abkürzungs-
register.

Leider muss ich als Kampfausbilder
sagen, dass ich es nicht nachvollziehen
kann, warum der verpflichtende Wehrdienst
abgeschafft wurde. Da wurden Helden
geschaffen! Und ich kann in Zukunft keine verweichlichten Muttersöhnchen mehr
anbrüllen. – Obendrein wurde mir von
ganz oben mitgeteilt, dass ich jetzt
auch noch nett zu den Freiwilligen sein
muss. Das könnt ihr euch aber mal sonst
wohin schieben. Der Ton bleibt der
gleiche, das hat noch keinem geschadet,
und damit ihr Weicheier euch schon mal
darauf einstellen könnt, bringe ich euch
»The Best of Bundeswehr« näher.

*Aber vielleicht gibt es unter euch auch
ein paar, die den guten Ton der Bundeswehr vermissen und sich an ihre gute
alte Zeit wiedererinnern wollen. –*

*Auch für diese Kameraden habe ich einige
Schmankerl parat.*

Also dann, viel Spaß

wünscht euer

Kampfausbilder Ronny

BUNDESWEHR-SPRÜCHE

Was wäre die Bundeswehr ohne die zackigen Sprüche von mir oder anderen Ausbildern? Die aufmunternden Sprüche helfen dem Soldaten, in allen nur denkbaren Ausbildungssituationen zu begreifen, wer hier der Boss ist, und treiben ihn zu Höchstleistungen an. Und die wollen wir von den Soldaten doch auch sehen!

Der Soldat muss doch schließlich auf den Ernstfall vorbereitet werden und dieser ist eben nicht in einem Mädchenpensionat. Denn »ein Soldat denkt nicht, er handelt«, und dies wird ihm hier eingebläut. Und jetzt lassen Sie die Haxen rotieren, ich will Kondensstreifen sehen!

Wegtretäään und lesen!

Die besten Sprüche bei falschem Antreten

Es kann doch nicht so schwer sein, korrekt in Reih und Glied anzutreten. Für einige ist das Antreten aber schon eine große Herausforderung und die muss man mit folgenden Weisheiten unterstützen.

Wie tritt man richtig an?

Der Abstand zum Vordermann ist genau 80 Zentimeter, 81 ist fahnenflüchtig, 79 ist schwul!

Abstand einhalten! Eine Armlänge, nicht Penislänge!

Drei Mann hintereinander, viele, viele nebeneinander.

Der Blick ist frei geradeaus in den Nacken des Vordermannes gerichtet, als wolle man ihn durchbohren.

Was kann man alles falsch machen?

Das andere Rechts/Links!

Wenn ich sage »stillgestanden«, dann pendelt nur noch Ihr Sack.

Sie treten gleich so lange nach links raus, bis Sie rechts wieder ankommen.

Wenn ich »Augen rechts« befehle, dann muss Ihr Rotz an die Wange des Nebenmanns fliegen.

Stillgestanden heißt still stehen. Auch wenn Ihnen eine Wespe zum Arsch rein- und aus der Nase wieder rausfliegt.

Sind Sie ein Kartoffelsack? Nehmen Sie gefälligst Haltung an!

Sie stehen da wie eine schwangere Lerche!

Sie stehen da wie ein frisch gevögeltes Eichhörnchen!

Sie lungern hier herum wie eine afrikanische Nutte in Wartestellung!

Ein Riesen-Fauxpas ist es, die Hände in den Hosentaschen zu lassen

Was haben die Hände in den Hosentaschen zu suchen? Ich habe schon als Anregung vorgebracht, Hosen ohne Taschen anfertigen zu lassen. Man würde ja sogar auch noch Stoff dabei sparen. Leider ist mein Vorschlag nicht angenommen worden, daher muss dieser lästerlichen Angewohnheit auf anderem Wege entgegengewirkt werden.

Soldat, rutschen Ihre Socken?
Nein!
Dann Hände aus den Taschen!

Hände vom Sack! Wenn's Ei platzt, reißt's die Hand ab!

Nicht kratzen! Waschen!

Wollen Sie ins Kino und gewöhnen deshalb Ihre Hände an die Dunkelheit?

Wollen Sie verreisen, weil Sie die Hände schon eingepackt haben?

Haben Sie Angst vor Eichhörnchen und halten deshalb Ihre Nüsse fest?

Sind Sie eine Vogelmama?
Sie brauchen nicht auf Ihre Eier aufzupassen!

Eine Hand in der Tasche ist lässig, zwei sind unzulässig.

Sind Sie bei der Luftwaffe?
Nein?
Dann sofort die Hände vom Knüppel!

Sind Sie ohne mein Wissen zum General befördert worden? Halten sich wohl an Ihren Stab?

Sie verstoßen gegen Sicherheitsbestimmungen: Nehmen Sie Ihre Hände vom Rohr!

Und den nächsten Tadel fängt sich der Rekrut schon beim lässigen Lehnen an der Wand ein

Und was diese Weicheier immer an der Wand zu suchen haben, ist und bleibt mir ein Rätsel. Macht man das so in der zivilen Welt? Lehnt man dort an jeder Wand? Ein ordentlicher Soldat lehnt nicht, er steht, und das so lange, wie ICH es sage.

Das Gebäude steht von alleine. Wenn wir einen Stützpfeiler brauchen, dann melden wir uns sofort bei Ihnen.

Das ist ein Gebäude der Bundeswehr! Es steht von alleine, ALSO LEHNT SICH KEINER AN!

Sie können jetzt gehen. (Der Vorgesetzte stützt sich mit den Armen an die Wand.) Ich übernehme für Sie.

(Ausbilder stützt die Wand.) Laufen Sie, ich halte die Wand fest!

Sind Sie aus Beton? Weil Sie das Gebäude stützen?

Und noch ein Tipp: bloß nicht ungefragt reden oder Fragen stellen ...

Und jetzt werden diese Mäuse auch noch unverschämt. Wenn ihr plaudern wollt, geht heim zu Mutti zum Kaffeekränzchen!

Wir können gleichzeitig singen, aber nicht gleichzeitig reden!

Sie sind ein einfach strukturierter Infanterist, Sie sollen nicht denken.

Wenn Gott gewollt hätte, dass Sie mich anlabern, dann wären Sie meine Frau geworden.

Haben Sie das schon mal Ihrem Friseur erzählt?

Ich stelle hier die Fragen.

Ein Soldat denkt nicht, er handelt.

Sie scheinen mich mit jemandem zu verwechseln, den das interessiert.

Hat einer die Null gewählt, dass Sie sich melden?

Ruhe! Oder hat jemand gesagt »Mülleimer auf«?

Rekrut!!! Halten Sie den Mund, wenn Sie mit mir reden!!!!

Wenn Sie handeln wollen, gehen Sie auf einen türkischen Basar und feilschen um einen Teppich!

Und wird doch mal einer krank ...

 Gut, dazu kann ich nicht viel sagen. Nur ein schwacher Soldat wird krank.

»Tod ist kein Krankheitsgrund; die Leiche bleibt im Dienst.«

Meier meldet dem Ausbilder dass es ihm nicht gut gehe.
Ausbilder: »Was ist mit Ihnen, haben Sie Ihre Regel?«

Es gibt keine Krankheit oder Verletzung, die nicht durch den Einsatz unserer Sanitäter zum Tode führen könnte.

Die Bundeswehr hat eine strikte Kleiderordnung.
Aber auch bei dieser kann man sich ganz schön Ärger einhandeln

 Gibt es denn was Schöneres als ein perfekt sitzendes Barett?

Das Barett ist falsch aufgesetzt

»Spielen Sie Rotkäppchen?!«

»Sind Sie ein Pizzabäcker, oder was?!«

»Kanonier, Ihr Barett sieht aus, als ob Sie eine Pizza darunter verstecken würden!«

Ist das Köpfchen überdacht, wird das Mützchen abgemacht!

Der Kragen lässt auch oft zu wünschen übrig

Richten Sie Ihren Kragen und krempeln Sie Ihre Schlaghosen um – Elvis ist tot, Mann!

Kennen Sie den Grafen aus der Sesamstraße? Der hatte einen noch beschisseneren Kragen als Sie!!!

Mit dem Krawattenknoten können Sie einen Feind erschlagen!

Hat Sie sonst Ihre Mutter angezogen?

Anorak nicht vernünftig angezogen: »So, und jetzt machen alle ma'n Kleid aus ihrem Röckchen ...«

Auch auf Körperhygiene wird beim Bund geachtet

Ein Soldat ist immer gepflegt, selbst in Krisenzeiten. Wir sind ja nicht beim Sport, wo das Motto »Wer rasiert, der verliert« vorherrscht.

Soldat! Leiden sie an einer Wasserallergie?

Haben Sie Schamhaare im Gesicht? Rasieren!

Ihre Fußnägel sehen ja aus wie die Krallen vom Bundesadler!

Die perfekte Marschgeschwindigkeit ist selten erreicht

Es ist mir auch schleierhaft, warum manche Soldaten nicht korrekt marschieren kön-nen. Das kann doch nicht so schwer sein. Man setzt einfach zackig einen Fuß vor den anderen. Das sind junge Burschen, die sollten doch noch Pfeffer im Arsch haben!

Die Rekruten gehen zu langsam

Ich will Kondensstreifen sehen!

Sie haben etwas verloren. DIE GESCHWINDIGKEIT!

Der liebe Gott hat Ihnen Beine und Muskulatur geschenkt, damit Sie schneller laufen können!

Das Einzige, was bei Ihnen ordentlich läuft, ist Ihre Nase.

Treten Sie jetzt so blitzartig weg, dass ich nur noch einen leichten Gummigeruch wahrnehme.

Lassen Sie die Haxen rotieren!

Das Klappern der Feldflaschen geht in einen einheitlichen Ton über.

Wo kein Schnee liegt, kann auch gelaufen werden!

Wenn Sie noch langsamer gehen, dann gehen Sie rückwärts!

Ihnen kann man beim Laufen ja die Schuhe klauen!!!

Ihnen kann man beim Laufen ja die Hufe besohlen!!!

Wo kein Eis liegt, kann gerannt werden!!!

Wenn Ihnen Efeu an den Stiefeln rankt, dann waren Sie zu langsam!!

Wenn ich »Marsch, marsch« sage, berühren Ihre Füße den Boden nur noch zum Richtungswechsel.

Wenn ich sage »Marsch!!«, dann meine ich »Marsch, marsch!!!«

Und wenn ich sage »Marsch, marsch!!!«, dann fliegt ihr in Briefkastenhöhe über das Feld! Ist das klar?!

Schütze, wenn Ihnen schwarz vor den Augen wird, dann sind Sie eingeschlafen!

... und wenn es wieder bunt wird, dann sind sie am Träumen!

Nehmen Sie Ihren Finger aus dem Arsch und bewegen Sie sich!

Haut die Hacken in den Teer, ich will Gummi riechen!

In dieser Zeit hätte meine Oma eine ganze Insel bevölkert!

Sie laufen jetzt bis zum Horizont, klatschen diesen ab und kommen zurück!

Wenn es heißt »Kompanie raustreten«, dann legt sich Ihr Oberkörper in die Waagrechte und Ihre Füße bewegen sich propellerartig.

Der Rekrut ächzt beim 10-km-Lauf

Hier stirbt keiner, ohne sich vorher bei mir abzumelden!

Wenn jemand noch sagen kann, dass er nicht mehr kann, dann kann er noch! Wenn er es nicht mehr sagen kann ... Na ja, dann schauen wir mal.

Die Rekruten marschieren zu schnell

Sagen Sie mal, haben Sie heute Morgen Jagdwurst gegessen?

Über die Regenrinnen am Rand der Straße

Das sind Schweißablaufrinnen – und die müssen ein reißender Bach sein!

Anleitung zum perfekten Gleiten

Das Gleiten ist die tiefste Gangart. Manche nennen es auch Robben, aber diese Bezeichnung verbitte ich mir. Es handelt sich nicht nur um einfaches Dahinrobben wie ein Meerestier am Strand, sondern der Soldat hat dabei eine vielleicht kriegsentscheidende Aufgabe zu erledigen.

Sie werden jetzt zum Horizont gleiten: Das bedeutet, Sie werden mit der Nase eine Furche in den Boden ziehen und mit ihren Eiern wieder zuschütten!

Das geheime Leben im Spind

Der Spind. Wer braucht schon einen begehbaren Kleiderschrank, wenn er gelernt hat, sein Leben ordentlich gefaltet in einem Spind unterzubringen?

Aus dem Spind riecht es etwas streng ...:

Rekrut, haben Sie tote Viecher da drin?!

Kommen Sie nicht auf die Idee, Essensreste in Ihrem Privatfach zu lagern, sonst können Sie sich nach einer Woche mit Ihrem Spind unterhalten.

Der Spind ist unaufgeräumt

Ihr Spind sieht so unaufgeräumt aus, dass man denken könnte, Sie seien hineingestiegen und hätten eine Orgie gefeiert.

Ihr Spind sieht aus wie ein Handgranatenwurfstand!

Ein Rekrut hat großen Mist gebaut

Das hier sind meine absoluten Lieblings- sprüche. Und ich muss sagen, dass ich diese mit voller Inbrunst von mir gebe. Gelegenheit dazu hatte ich immer mehr als genug ...

Sie können sich gleich formlos die Ventile an die Stiefel schrauben, denn ich werd sie gleich aufpumpen, bis sie platzen.

Wenn Scheiße, dann Scheiße mit Schwung!

Wir sind hier nicht bei »Wünsch dir was«!

Mir platzt gleich der Arsch, dann fliegt aber die Scheiße!

Ich glaub, es hackt!

Gleich wachsen mir Hörner, und dann gehen wir durch die Hölle!

Wenn ich sage »springen«, dann fragen Sie: »Wie hoch?« Klar?

Wenn ich etwas sage, dann ist das keine Bitte, dann ist das für Sie Gottes Wort, dann müssten Sie eigentlich auf den Knien liegen und darum betteln, mir einen Handkuss geben zu dürfen.

Sind wir hier im Mädchenpensionat? Reden Sie gefälligst lauter!

Ihren Kopf haben Sie auch nur, damit es nicht zum Hals hineinregnet!

Ihren Kopf haben sie auch nur, damit die Krawatte nicht drüberrutscht!

Wenn ich stehe, dann knien Sie, wenn ich knie, dann liegen Sie, wenn ich liege, dann graben Sie sich ein.
Und wenn ich mich eingrabe, DANN HABEN SIE DIE ARSCHKARTE!!!

Mein Name ist Meier. Mein Vorname ist StUffz. Und das buchstabiert man Golf Oscar Tango Tango.

Wenn Sie sich freuen, mich zu sehen, dann wedeln Sie mit dem Schwanz. Aber hören Sie mit dem blöden Gegrinse auf!

»Sehe ich aus wie Arabella Kiesbauer oder weshalb wollen Sie mit mir diskutieren?«

»Hören Sie auf zu husten, kotzen Sie oder seien Sie ruhig.
Wir machen hier keine halben Sachen!«

Z. m., aber z. z. (Zu mir, aber ziemlich zügig)

Was so alles in einen Hintern passen kann

Ich reiß Ihnen den Arsch auf, dass ein Lkw drin wenden kann!

Ich reiß Ihnen den Arsch auf, bis Sie eine braune Krause um den Hals
haben.

Ich ziehe Ihnen den Arsch über die Ohren, dann sehen Sie aus wie ein
Kapuzinermönch.

Nehmen Sie den Lockenwickler aus dem Arsch und antworten Sie
richtig!

Ich reiße Ihnen den Arsch auf, dass dort Kirmes ist!

Bei uns heißt das nicht kriechen, sondern gleiten.

Wenn sie kriechen wollen, dann dem Kommandeur in den Arsch.

Rekrut ist etwas begriffsstutzig

Haben Sie Kopfkaries!?

Der Rekrut hat die Augen zu

Was machen Sie denn da? – Luftraumbeobachtung bei simulierter
Nacht?

Das Wetter: Mal zu kalt, dann zu nass und dann auch noch zu warm

Es gibt kein schlechtes Wetter, es gibt nur schlechte Soldaten!

Bei Kälte

Seien sie froh, Sie bekommen keinen Sonnenbrand.

Es ist nicht kalt, Herr Schütze, oder sehen Sie hier Eisbären rumlaufen?

Ein deutscher Soldat zittert nicht vor Kälte, sondern vor Wut darüber, dass es nicht noch viel kälter ist. – Anschließend wärmt er sich an einem Eisblock!

Männer, Geheule einstellen, Röcke ausziehen, Zöpfe abschneiden.

Ein Gebirgsjäger friert erst, wenn neben ihm zwei Eskimos erfroren sind!

Bei Regen

Seien sie froh, es gibt keine Mücken.

Männer! Gott liebt euch! Er lässt es regnen, damit ihr euch leichter eingraben könnt! Spaten frei!

Es regnet nicht, das ist erhöhte Luftfeuchtigkeit.

Bei Hitze

Seien sie froh, es liegt kein Schnee.

Befehl ist Befehl

Der Befehl ist eine Anweisung zu einem bestimmten Verhalten, die ein militärischer Vorgesetzter (also ich!) einem Untergebenen schriftlich, mündlich oder in anderer Weise, allgemein oder für den Einzelfall und mit dem Anspruch auf Gehorsam erteilt. Jawoll!

Graben Sie Ihren Helm ein! – Wer hat gesagt, dass Sie ihn absetzen sollen?!

Deutsche Soldaten sterben nicht. Sie gehen in die Hölle, um sich neu zu gruppieren!

Sie sollen nicht denken, Sie sollen gehorchen!

Das mit dem Gehorchen üben wir jetzt: Einatmen, ausatmen, einatmen, Stopp. Tschüss, bis Morgen!

Wir pfeifen bald ein Lied zusammen, ich auf der Pfeife und Sie aus dem letzten Loch.

Wollen wir Hubschrauber spielen? Sie rotieren, und ich mache die Geräusche!

Ein Soldat weicht nicht aus!!! Er verkürzt die Nachschubwege!!!

Noooochhmaaaal! (Besonders beim Durchzählen! Es gibt keine Zwei, sondern immer nur Zwo!)

Das heißt nicht Entschuldigung! Ein deutscher Soldat entschuldigt sich nicht, er bittet um harte und gerechte Strafe.

Was der Soldat nicht kann, das übt er. Und zum Üben hat er am Wochenende genügend Zeit und Gelegenheit!

Jawohl was? Arschloch oder was?

Krieg ist die Hölle, aber der Sound ist geil.

Ein Soldat schläft nicht. Er ruht, und das nur mit einem Auge.

Deutsche Soldaten ziehen sich nicht zurück. Sie können Ihre Vorhaut zurückziehen, wir jedoch weichen aus.

Männer, so wie ihr steht, das ist keine Linie, das ist ein Pissbogen ...

Tür zu, wir heizen nicht für die Luftwaffe!

Dummheit soll es ja auch in der Bundeswehr geben

Ja, rede ich Kyrillisch? Manchmal treiben einen manche Rekruten echt zur Weißglut.

Ich habe einen Tipp für Sie: Zurückentwickeln und abtreiben!

Ich wüsste gerne, was Ihre Eltern zum Thema »postnatale Abtreibung« sagen.

Als Sie geboren wurden, ist Ihr Vater wohl auch nach draußen gerannt, um den Storch abzuknallen?

Und so etwas wie Sie verbraucht Sauerstoff!

Der Feldwebel fragt am ersten Tag: »Was sind Sie von Beruf?« –
»Bakteriologe.« – »Reden Sie nicht so geschwollen. Bäcker heißt
das!«

»Schütze Müller«, fragt der Spieß, »was waren Sie eigentlich im
Zivilberuf?«
»Mitarbeiter im Robert-Koch-Institut.«
»Gut, dann melden Sie sich zum Küchendienst!«

Fragt der Hauptmann: »Wer von Ihnen ist musikalisch?«
»Ich.«
»Gut, Sie tragen das Klavier ins Kasino.«

Die frisch einberufenen Soldaten sind angetreten.

»Sagen 'se mal«, wendet sich der Hauptmann an seinen Rekruten,
»wat war'n se denn im Zivilberuf?«
»Ich habe Philosophie studiert.«
»Doll. Da wissen se sicher, wat 'ne Idee is, wie?«
»Ja, Plato verstand unter einer Idee die unveränderbaren Urbilder der
unvollkommenen Abbilder der irdischen Dinge.«
»Ausjezeichnet. Dann halten se Ihr Jewehr jefällichst 'ne Idee
höher.«

Feldwebel macht dem Oberst Meldung:
»Kompanie vollzählig versammelt zum Mathematikunterricht.«
»Aha, rühren! – So meine Herren, dann will ich Ihnen mal auf den
Zahn fühlen: Wie viel ist 3 mal 4, Sie da!«
»12, Herr Oberst!«
»Gut, gut! – Wat sin se denn von Beruf?«
»Mathematiklehrer, Herr Oberst!«
»Wat se nich sagen. Dann müssen Sie ja auch schwierije Aufjaben
können. Wie viel ist 7 mal 7, na?«
»49, Herr Oberst!«

»Wie haben se det jemacht?«

»Ich habe gerechnet: 10 mal 7 ist 70, 3 mal 7 ist 21, 70 weniger 21 ist 49.«

»Ganz gut. – Aber damit se nich denken, ich bin dumm, ich habe gerechnet: 5 mal 10 ist 50, weniger 1 ist 49! – Weitermachen!«

Beim Appell. Der Unteroffizier ist stinksauer und schreit den Gefreiten Müller an:

»Müller, Sie Idiot!!! Was sind Sie eigentlich von Beruf?«

»Ich arbeite bei einer Bank!«

»Da sind Sie wohl als Nachtwächter eingestellt gewesen!«

»Nein, Nachtwächter ist bei uns ein ehemaliger Unteroffizier...«

Und hier noch ein paar Ausbildungstipps

 Merken!

Melden macht frei und belastet den Vorgesetzten.

So ein Schuss kostet zwischen 8000 und 10 000 Euro – je nachdem, wo der Böller einschlägt.

Ihr werdet mich in eurer Bundeswehzeit nur einmal lachen hören.
... HAHA!

Fünf Minuten vor der Zeit ist des Soldaten Pünktlichkeit, nur der Sanitäter kommt erst zehn Minuten später. Zeitansatz 30 Sekunden! Also los: 29... 28... 27... ZEITSPRUNG! 10... 9...

In der Bundeswehr bin ich vielleicht nur ein kleines Licht, aber für Sie bin ich die Sonne!

Panzer-Grenadier-Sprüche

Die Panzer-Grenadiere, wir nennen sie liebevoll Grennis, haben meinen vollen Respekt verdient. Na ja, zumindest einer, den ich mal kannte ...

Er ist kein Mensch, er ist kein Tier, er ist ein Panzergrenadier.

Früher war ich nur ein Landser, heute fahr ich Schützenpanzer.

Tritt nie auf einen grünen Stein, es könnt ein Panzergrenni sein.

Wer rennt so spät durch Nacht und Wind?
Es ist der Grenni mit seinem Spind.
Er trägt ihn lässig am langen Arm, es ist schon wieder NATO-Alarm.

Wer rennt so spät durch Nacht und Wind?
Es ist der Grenni mit seinem Spind.
Das Tor erreicht er mit Mühe und Not, der Spind kippt um, der Grenni ist tot.

Wer ist der größte Feind des Grenadiers?
Der Rasenmäher! Nimmt Licht, Deckung und die Nahrung weg...

Warum schickt man keine Panzergrenadiere auf Telefonmasten?
Die möchten immer die Hubschrauber füttern...

Wie sagte der Grenni MG-Schütze zu seinem Kollegen, als er in die Mündung seines MG3 schaute: »Ladehemmung behoben, langsam kommen lassen!«

Ein Grenadier geht über eine Brücke, diese bricht zusammen. Was ist geschehen? – Der Klügere hat nachgegeben.

Wie teilt ein Sanitäter einem Pionier mit, dass es Essen gibt? Er stampft zweimal auf den Boden. Und wie erfährt das ein Grenadier? Der Sanitäter sagt dem Pionier, dass er den Grenadier, der sich unter ihm versteckt, mitbringen soll!

Wie fängt man einen Panzergrenadier? Man jagt ihn auf eine Betonplatte, da kann er sich nicht einbuddeln.

Fernmelder-Geschichte

Fernmelder sind hochgradig talentierte Soldaten. Sie sind nicht nur des Gleitens mächtig, sie können auch noch morsen. Respekt!

Höret, höret aus dem Buche Schmittchen, Kapitel 37, Vers 1–7: Und der HERR fragte die Steine: »Steine, wollt ihr Fernmelder werden?« Und die Steine schrien: »NEIN, dafür sind wir nicht hart genug!« So wandte sich der HERR ab und fragte die Luftballons: »Luftballons, wollt IHR Fernmelder werden?« Und die Luftballons gaben zur Antwort: »NEIN, wir sind nicht hohl genug!« Darauf ward der HERR zornig: »Sagt, so ist denn niemand willens, Fernmelder zu werden?«

Und spürte sogleich ein Zerren an seinem Gewand. Der HERR sah hinab und erblickte den kleinen Schmittchen, der zu ihm hinaufschrie: »Ich will Fernmelder werden!«

Und so unterschrieb er in einer Phase geistiger Umnachtung und auf der Suche nach einem Beweis seiner Männlichkeit den Wisch, den ihm der HERR sogleich unter die Nase hielt, hocherfreut, endlich einen Dummen gefunden zu haben.

Dem kleinen Schmittchen jedoch, der soeben seinen Arsch an Gott und seine Seele an den Teufel verkauft hatte, füllte Stolz die kleine Hühnerbrust ob der göttlichen Mission, die zu erfüllen er bereit war, alle Plagen auf sich zu nehmen.

Am Tage der Erfüllung jedoch ward es dunkel, Donner ließ die Welt erzittern, Blitze fuhren nieder, die Erde tat sich auf und der Spieß erschien ihm ...

SORGEN, DIE MAN BEIM BUND NICHT HAT

 Ich sag's ja, die in den Firmen in der freien Wirtschaft machen vielleicht immer einen Aufstand darum, wie schwer es ist, Chef zu sein, und wie arm man als Angestellter ist. Bin ich froh, dass beim Bund die Hierarchien klar geregelt sind und man sich darüber keine Gedanken machen muss. Es wird getan, was ich sage, und Schluss! Ich habe immer recht. Und ich mache keine Fehler. Ich will einfach nur Respekt von den Rekruten. Und wenn ich diesen nicht selbstverständlich bekomme, muss ich ihn mir erzwingen!

Aber diese Sorgen habe ich jedenfalls nicht (wäre ja noch schöner!):

Kommt man morgens zu spät, ist man ein schlechtes Vorbild;
kommt man pünktlich, ist man ein Aufpasser.
Ist man zu seinen Mitarbeitern freundlich, will man sich anbiedern;
ist man zurückhaltend, gilt man als hochnäsig.
Kümmert man sich um die Arbeit seiner Leute, ist man ein Schnüffler;
tut man es nicht, hat man von der Sache keine blasse Ahnung.
Geht man oft zum Chef, ist man ein Radfahrer;
geht man selten, ist man ein Hasenfuß.
Hält man Konferenzen ab, ist man ein Schwätzer;
hält man keine ab, ist man ein »Mann der einsamen Beschlüsse«.

Ist man schon etwas älter, gilt man als verkalkt;
ist man noch jung, fehlt die Erfahrung des Alters.
Bleibt man abends länger, markiert man den Überbeschäftigten;
geht man pünktlich, fehlt das Engagement für die Firma.
Stimmt man sich mit seinen Kollegen ab, ist man ein Rückversicherer;
tut man es nicht, ist man ein Eigenbrötler.
Trifft man schnelle Entscheidungen, ist man oberflächlich;
lässt man sich Zeit, mangelt es an Entschlusskraft.
Nimmt man Urlaub, nutzt man seine Stellung aus;
nimmt man keinen, fürchtet man um seine Stellung.
Ist man sehr genau, gilt man als pingelig;
ist man es nicht, lässt man die Zügel schleifen.
Hat man neue Ideen, ist man ein Fantast;
bleibt man beim Alten, ist man rückständig.
Delegiert man viel, spielt man den Generaldirektor;
delegiert man nichts, spielt man den Unersetzlichen.

ÜBER DEN SINN
DES SOLDATENDASEINS

 *Es gibt nichts Besseres, als ein Soldat zu sein. Anspruchsvolle Aufgaben, eine gute Mischung aus sitzender und mobiler Tätigkeit und eine Top-Verpflegung! Was will man mehr? Neidische Zivilisten behaupten allerdings mitunter Folgendes:*

Ich hab nichts, ich bin nichts, ich kann nichts. –
Gebt mir eine Uniform.

+++

Freiheitsentzug – ohne Gerichtsurteil!

+++

Definition Panzerfahrer: Breit fahren, schmal denken.

+++

Die Bundeswehr hat die Freizeit der Deutschen zu verteidigen.

+++

Ist jede Arbeit dir zu schwer, dann bleibt dir noch die Bundeswehr.

+++

Bäcker, die zur Marine gehen, sollten sich an Backbord einstellen lassen.

+++

Bei der Bundeswehr soll man mit 19 Jahren noch mal laufen lernen ...

+++

Bundeswehrsoldat =
(1) arbeitsloser Bürger in Uniform
(2) schlecht bezahlte Hilfskraft in Katastrophenfällen
(3) teurer Wach- und Schießgeselle

+++

Der Militärdienst wird für modebewusste junge Männer erst dann attraktiv werden, wenn die Soldaten am Morgen vor dem geöffneten Schrank überlegen können:
Und was ziehe ich heute an?

+++

Die Bundeswehr ist eine Vereinigung junger Männer, die im Ernstfall den Feind so lange aufhält, bis die Soldaten kommen.

+++

Die Bundeswehr: Seit Jahrzehnten stolzer Wehrdienst – durch keinerlei Erfolg getrübt.

ERLEBNISBERICHTE

Einige hatten eine lustigere Bundeswehr-
zeit als andere. Die besten Geschichten
schreibt aber nicht das Leben, sondern
der Bund und seine Mitglieder ...
Ich war bei diesen Erlebnissen nicht
dabei, aber wenn, dann hätten die-
se anders ausgesehen und wären anders
ausgegangen. Es gibt jedoch leider auch
Ausbilder, die die Sache etwas lockerer
angehen, was ich natürlich nicht guthei-
ßen kann.
Wegtreten!

Bei der Musterung

»Habensegeschlechtskrankheitenkeuchhustenmalariamaulundklauen-
seuchemasernwindpockennierensteinehautkrankheitenallergiegrüner-
stargrauerstarmittelohrentzündung?«

»Aah ... nee.«

Nicht verstanden? Dann gewöhnen Sie sich
an diesen Ton und hören Sie besser zu!

Der erste Tag

Uffz: »Wer ist verheiratet?«
Rekruten schauen sich gegenseitig an.
Uffz: »Keiner. Gut. Ich gehe davon aus, dass jeder eine Freundin hat. Und
da wir unsere Freundin auch im späteren Leben als Ehefrau glücklich
machen, werden wir uns heute mit dem Reinigen der gesamten Kompanie beschäftigen, sodass wir das Handwerk des Fegens und Wischens
beherrschen.«

*Das hätte eine Einführung von mir sein
können. Respekt an diesen Ausbilder.*

Spieß: »... ist mir egal, was Sie wollen; wir sind hier schließlich Solldaten,
und nicht Willdaten ...«

Richtig!

Die ersten Wochen

Lange Schlange vor dem Sehtest, neuer Doc betritt das Zimmer. Kurze
Zeit später ein Riesengeschrei:

»Wenn Sie mir nicht sofort sagen, welche Zahlen Sie sehen, bescheinige
ich Ihnen, dass Sie blind sind!!!«

»Okay, Sie haben es nicht anders gewollt: Hier steht jetzt, dass Sie blind sind und die Konsequenzen werden Sie schon noch merken.« Verdatterter Rekrut verlässt das Zimmer, und auch die nächsten beiden werden (nach noch lauterer Diskussion) mit negativem Sehtestergebnis weggeschickt. Zwei Minuten später kommt ein hochroter Assi heraus und ruft die Leute zurück ...

Grund: Das Gerät für den Sehtest war nicht eingeschaltet ...

Na, das kann ja mal passieren. Aber richtige Reaktion des Assi – alle zurückrufen! Da hat jemand wirklich mitgedacht.

OFeld nach dem Singen der Nationalhymne:
»Na ja, schön muss ja ned sei! Hauptsache, laut und selbstbewusst.«

Korrekt. Wir sind hier ja schließlich nicht in einem Mädchenchor.

S: »Herr Leutnant, dürfen wir auf der Rückfahrt im Bus auch Zivil anziehen?«
V: »Bitte??? Y-Tours lebt von den Werbeträgern – wegtreten!«

Zivil? Wie kann man denn freiwillig Zivil tragen? Es gibt nichts Besseres als eine schnittige Uniform.

Geschichten aus dem Biwak

Ein Biwak ist ein provisorisches Feldlager, bei dem die Truppen im Gelände kampieren. Das Biwak ist wie Ferien auf dem Immenhof, nur mit dem Unterschied, dass es auf dem Truppenübungsplatz keine Mädels mit roten Haaren und keine Ponys gibt.

Ob ihr es glaubt oder nicht: Einer aus unserer Kompanie (Müller) hat vor dem Biwak mal nachgefragt, ob es da draußen auch Strom gibt.
Dieser kurze Bericht zeigt ganz deutlich, dass auch Unteroffiziere noch ein Quentchen Humor besitzen. Nach dieser ausgesprochen doofen Frage nickte der Uffz dem Gefreiten nur beruhigend zu.

Der Großteil von unserer Kompanie wurde eingeweiht, und wir wussten, was kommen würde.

Als wir dann schließlich draußen beim Biwak waren und der Morgen graute, kamen wir nicht mehr aus dem Lachen raus. Wir standen alle bei der Katzenwäsche und beim Rasieren, als unser Uffz eine Steckdosenleiste an einem Baum in der Nähe des Soldaten angebracht hat. Dieser kam dann auch aus dem Zelt und stand mit seinem Elektrorasierer in der Hand da.

Da das Kabel der Steckdosenleiste in den Boden reinlief, sah es aus, als ob dort wirklich Strom fließen würde.

Aber als der Gefreite Müller dann wirklich das Kabel in die Steckdosenleiste steckte ... Na ja, ich muss wohl nicht mehr sagen.
Den Lacher hatte er definitiv auf seiner Seite ...

Diesem Unteroffizier sage ich eine sehr erfolgreiche und lange Laufbahn voraus.

Irgendein Witzbold war auf die Idee gekommen, uns im Biwak übernachten zu lassen. Verpflegung: Pro Nase 2 Kartoffeln, 1 Zwiebel, 1 Ei, Brot und Butter (Salz war vergessen worden). Jetzt saßen wir vor unserem Lagerfeuer und überlegten, was man damit so machen kann. Wir hatten uns gerade auf Rührei geeinigt, da kam D. vorbei. Er machte sogleich den glorreichen Vorschlag, das Ei dadurch zu erhitzen, dass man es ins Feuer rollte.

Es hat ihn nicht stutzig gemacht, als wir ihm gesagt haben, dass er das bitte mit seinem Ei ausprobieren solle. Er fing immer noch nicht an zu denken, als wir alle in Deckung gingen, nachdem das Ei im Feuer lag. Erst als es platzte (das geht wie in der Mikrowelle) und er ziemlich gut mit Ei bekleckert war, wurde ihm klar, wie dämlich seine Idee doch gewesen war. Zumindest waren wir am nächsten Morgen aller Diskussionen über nicht geputzte Klamotten ledig, denn er konnte mit Sicherheit nicht mehr meckern.

Merke: Vertraue keinem dein Ei an. Immer schön selber darum kümmern, dass es warm und genießbar wird.

Sonntagabend, alle räumen ihre Spinde ein:

Jg Müller: »Hey Mayer, wie wird diese Woche das Wetter?«

Jg Mayer: »Auf'm Dienstplan steht Dienstag, Mittwoch, Donnerstag: Biwak im Kirchholz.«

Alle anderen einstimmend: »Also regnet's!«

Weicheier! Als ob das Biwak besser wäre als der Wetterbericht. Na ja, vielleicht manchmal.

Gefr T. steht unter ABC-Schutz Wache. Es kommt der Kommandeur der Divisionstruppen (BG S.) mit Schutzmaske.

Gefr T. grüßt.

BG S. dreht sich nach fünf Metern um: »Warum haben Sie mich nicht nach der Parole gefragt?!«

Gefr T.: »Ich habe Sie erkannt, Herr General.«

BG S.: »Woran?«

Gefr T.: »An Ihrem Namensschild, Herr General.«

BG S.: »Sehr gut! Solche Männer braucht das Land.«

Ein Lob auch von mir. Wobei – was wäre passiert, wenn feindliche Truppen den General überfallen hätten und ihm sein Namensschild abgenommen hätten? Schon mal daran gedacht, Soldat?

Beim Biwak liegt nachts immer ein Alarmposten in einem der Gefechtsstände und es gibt eine Lagerwache an der Feuerstelle vor den Zelten. Feuer war leider verboten. –

Der Feind bestand aus Luftlandetruppen (also Spezialeinheiten, in unserem Fall unsere Feldwebel), die Nachts Sabotageaktionen versuchten. Feldwebel sind sehr fies, machen jeweils nur einen Schritt und warten danach wieder fünf Minuten, sie sehen aus wie ein Baum im dunklen Wald.

Ein neuer Tag beginnt und unser Alarmposten liegt wach. Unser Ausbilder mit Schutzsoldat nähert sich dem Posten.

Alarmposten: »Apfeeeeelkuchen«

Ausbilder: »Honigbrot – guten Morgen, ich bringe die neue Parole ... mmmh ... wie war die noch ... gibt es Maulbeeren?«

Alarmposten: »Äöööhm hmmm ...«

Ausbilder: »Ähm ahja genau Maulbeer ... äähm ... öhm ... Maulbeertaschen?«

Alarmposten: »Okay«.

Ausbilder : »Okay, Maulbeertaschen-Schweinsohr.«

Hier muss ich meiner Funktion als Kampfausbilder kurz nachkommen. Wie kann das passieren, dass man die Parole vergisst?? Hat man euch nicht beigebracht, einfache Codewörter zu verwenden? Z.B. Pitbull, Panzer, Terminator oder meinetwegen auch Hubschrauber. Aber doch sicher nicht irgend so einen Weiberkram!

Die ganze Nacht krächzt ein Uhu.

Am nächsten Morgen sagt unser Aufseher etwas verpennt: »Scheiße, Mann, dieser beschissene Uhu.«

Soldat : »Das war kein Uhu, das war der StUffz ...«

Weicheier. Ohren auf Durchzug und schlafen. Die Soldaten waren wohl noch nicht müde genug. Das nächste Mal etwas mehr Drill!

Während der Geländeausbildung

Uffz: »Warum darf man unter dem Gefechtshelm nicht rauchen?«
1. Rekrut: »Die Hitze sammelt sich unterm Helm und verbrennt die Haare.«
2. Rekrut: »Der Rauch sammelt sich, und man sieht nichts mehr. «
3. Rekrut: »Das Nikotin lagert sich am Helmrand ab und fängt in der Nacht an zu leuchten.«
Uffz: »Hier haben Sie eine Schachtel Luckys. Das will ich sehen.«

Das ist ein Entdeckergeist, wie er mir gefällt. Gut gemacht! Ich hoffe, sie haben das Resultat dokumentiert. Über eine Mitteilung des Ergebnisses würde ich mich freuen.

Nach nächtlichem Feindkontakt verlangt der Gruppenführer (Uffz) Meldungen seiner einzelnen sechs Stellungen, um Überblick zu gewinnen. Rekruten melden: »Stellung eins überlebt« – »Stellung zwei überlebt« – »...«
Stellung vier meldet sich nicht.
Uffz: »Stellung vier! – Wo bleibt die Meldung der Stellung vier?«
Rekrut in Stellung vier: »Tot, im Kampf gefallen.«
Uffz: »Ja, dann melden Sie das doch!«

Korrekt! Immer schön Meldung machen.

Beim Gefechtsschießen bei Nacht ist die Orientierung sehr stark eingeschränkt. Allein die Schießampeln auf den Panzern und die Schießbahnbegrenzungen sind zu sehen.

Schießende gegen 16.30, Verpflegung, danach mit Dosenbier auf Dunkelheit warten, Schießbeginn gegen 21.00 Uhr.
Der erste Zug ist mit vier Panzern in Ausgangsstellung. Übungsbeginn, Zug tritt an, Angriff und Feuerkampf beginnt.
Funkgespräch lief folgendermaßen ab :»Alpha, hier Alpha eins, wir haben Probleme, der Panzer rollt und lässt sich nicht anhalten ...«

»Alpha eins, hier Alpha, warten Sie. Ende.«

»Leitung hier Alpha, Alpha ein hat Bremsprobleme, Pz lässt sich nicht mehr anhalten, kommen ...«

»Alpha, hier Leitung, verstanden, Trennung, Alpha eins hier Leitung, versuchen durch Lenkbewegungen Pz zum Stillstand zu bringen, kommen ...«

»Leitung, hier Alpha eins, funktioniert nicht, kommen ...«

»Alpha eins, hier Leitung, Motor abstellen, von Automatik auf Schaltbetrieb umstellen, ersten Gang einlegen, Pz abbremsen, kommen...«

»Leitung, hier Alpha eins, Motor ist aus, Gang ist drin, Panzer rollt, kommen ...«

»Alpha eins, hier Leitung, Besatzung abspringen, kommen ...«

Man konnte die Besatzung über Wärmebildgerät beobachten, wie sie auf den Turm des Panzers klettert und anschließend wieder aufsitzt.

»Leitung, hier Alpha eins, Problem erkannt. Wir stehen, die anderen fahren rückwärts, kommen...«

Erstklassiger Funkkontakt. Dabei kann man noch was lernen. Wegtreten!

Nach mehrmaligem Stellungswechsel im Wald unter simuliertem Feindfeuer weiß niemand mehr so recht, wem nun welcher Kampfstand »gehört«.

Ein MG rattert los. StUffz:« Los, Männer, ab in die alten Löcher!!!«

Notgedrungen springen vier Mann in einen eigentlich für zwei Mann gedachten Kampfstand, Folge: äußerst beengte Verhältnisse, da alle sich in diesen Stand hineingezwängt haben. OFw steht dahinter, sieht sich das Ganze an, greift zum Funkgerät.

»Romeo, hier Kilo, kommen.«

»Romeo hört.«

»Hier Kilo, Frage: Ihr äußerst linker Kampfstand, ist das die Muppet-Show? Kommen ...«

Sehr gut erkannt und top reagiert, Herr Oberfeldwebel!

Am ersten IGA-Tag am Waldrand. Uffz A. erzählt uns was über persönliche Tarnung. Er steht dabei mit dem Rücken zu einer angrenzenden Wiese. Dort reitet gerade in einiger Entfernung eine Blondine vorbei. Die Soldaten schauen natürlich alle hinterher. Uffz A. bemerkt das, schaut sich um und sagt:

»Jaja. Hinsehen, hart werden lassen – mich ansehen, weich werden lassen ...«

 *Diesen Spruch muss ich mir merken.*

Antreeeetääään

Schauplatz: Kasernenhof, Appellplatz.

Zeit: Allerletztes Abschlussantreten vor der Entlassung
Situation: Kompaniechef schreitet das allerletzte Mal die Reihe ab

Plötzlich bleibt er vor einem Soldaten stehen.

»Einer von uns beiden ist nicht rasiert, und ICH bin es NICHT.«

Darauf der Soldat:

»Und einer von uns beiden geht heute nach Hause. Und SIE sind es WIEDER NICHT.«

Die Kompanie grölte.

Resümee: Dafür bekam der schlagfertige Soldat am Tag seiner Entlassung(!) noch einmal neun Tage Bau aufgedrückt. Er meinte: »Das war es wert!«

 *Bei mir wäre dieser Rüpel zwangsver-*
pflichtet worden. Nur ein Ausbilder ist
dazu berechtigt, schlagfertige Parolen
von sich zu geben.

Bei der Bundeswehr ist es so üblich, dass die Kompanie morgens vor Dienstbeginn zur Befehlsausgabe vor dem Block antritt. Der Kompaniefeldwebel trat also vor die versammelte Mannschaft und ließ nach der obligatorischen Begrüßung die erste Meldung aus dem Sack. Und die hatte es in sich.

»Männnaaahhh, der Lagerbereich XXX vermisst einen Panzermotor. Weiß jemand etwas über dessen Verbleib?«

Jeder, der schon mal einen Panzermotor gesehen hat, kann sich vorstellen, warum die Kompanie anschließend Schwierigkeiten hatte, die militärische Disziplin aufrechtzuerhalten ...

 *Das ist nicht lustig. Wenn ein Diebstahl*
auffällt, muss dieser ausgemerzt werden.
Auch wenn es sich in diesem Fall um ei-
nen Panzermotor handelt.

Wegtreteeeeen und suchen!

Das wäre Obelix nicht passiert: Auf der nächtlichen Flucht vor einem Wildschwein ist ein Bundeswehrsoldat im westfälischen Coesfeld auf einen Baum geklettert und rief per Handy die Polizei um Hilfe. Die Beamten kamen auch prompt, »trafen aber keine Sau mehr an« , berichtete ein Polizeisprecher. Daraufhin traute sich der Soldat vom Baum herunter und bedankte sich bei seinen Rettern. Der 22-Jährige war nach einem Disco-besuch auf dem Weg in die Kaserne im Wald von dem Tier überrascht worden. Für einen Kampfeinsatz gegen Wildschweine war er offenbar nicht ausgebildet worden.

Das ist ein guter Hinweis. Demnächst werde ich meine Rekruten auch auf Wild-schweine hin trainieren. Gibt es ein besseres Feindbild?
Aber beachtlich, dass es der Rekrut auf den Baum geschafft hat. Das zeugt von einer guten Ausbildung.

Beim morgendlichen Antreten der Kompanie stellte sich ein Hauptmann als neuer stellvertretender Bataillonskommandeur vor, der die Aufgaben des eigentlichen Stellvertreters, der zu einem Auslandseinsatz abkom-mandiert wurde, übernehmen sollte. Wie es sich so gehört, erzählte er beim ersten Antreten auch ein wenig über sich selbst: »... ich bin Fan des 1. FC Köln, und in meinem Büro steht auch so ein kleiner Fan-Wimpel. Also, wenn Sie mal in mein Büro kommen, dann grüßen Sie zweimal – einmal den Wimpel und einmal mich.« Die Reaktion der Kompanie ist wohl unschwer zu erraten ...

Befohlen ist befohlen. Dem Herrn Batallionskommandeur zolle ich meinen ganzen Respekt, da er nicht nur dem Bund treu ergeben ist, sondern auch dem 1.FC Köln. Beides zeugt von einer sportlichen Statur und Liebe zur körperlichen Ertüchtigung.

Filzläuse an Bord

Während eines NATO-Manövers lagen wir in Bilbao. Dort hatte sich einer der Männer bei einer netten Dame Filzläuse eingefangen.

Da wir vier Wochen raus zum Manöver fahren sollten, wurde es nach der zweiten Woche bemerkt.

Weil alle sich so seltsam kratzten an jenen Stellen, die keine Sonne erreicht und am S... Unser Taucharzt Dr. Huber – Schwabe seines Zeichens – befahl: Alle ohne Ausnahme ins Sanzimmer.

Dort wartete schon San Gefreiter F. mit dem Rasierzeug und Hilfssani Obermaat Würrihausen Smut mit einem dicken Quast und einem Eimer voll Diesel.

Genüsslich und mit diabolischem Grinsen rasierte OG F. die Schamhaare ab schaute nach den Augenbrauen; sah man da einen der Kameraden – schwups, waren die Brauen auch weg.

Dann kam der Oberhammer: Man wurde zu Obermaat X geschickt, der nahm den Quast, tauchte diesen in den Diesel und damit wurde man eingeschmiert. Man stank wie ein Puma, da Duschen während der Seefahrt verboten war.

Auf einmal Riesengetöse auf dem Gang: »Herr Stabsarzt, ich bin der Kommandant, ich brauche das nicht.« Er: »Doch, doch, bin ihr Fachvorgesetzter, Sie müssen auch, sonst bekommen wir die Plage nicht in den Griff!«

Ob er wollte oder nicht, er musste antreten zur Prozedur. Nachdem er den Geschwaderkommandeur persönlich befragt und von dem den Befehl bekommen hatte, ergab er sich in sein Schicksal.

Der Sani machte später eine genaue Zeichnung des Schniedels des Chefs und bekam 'ne Dizi dafür.

Aber gelacht haben wir alle. Wegen dem Rumgezicke.

Die Einzigen, die nicht mussten, waren der Sani und der Arzt, weil sie sich selbst mit Pülverchen verarzteten.

Unter meiner Aufsicht hätte der Sani keine Dizi bekommen, sondern hätte von Spanien aus nach Hause schwimmen dürfen. Das Schiff wäre zur Beaufsichtigung hinter dem Schwimmer hergefahren!

Wie das Amen in der Kirche ...

Wenn Bundeswehrsoldaten beten, muss sich der Priester manchmal die Haare raufen. Ein Weihnachtsgottesdienst im Kosovo offenbarte, wie jetzt bekannt wurde, auf unfreiwillig komische Art mangelnde Glaubenskenntnisse.

Der katholische Geistliche sprach vor den Soldaten, die meist aus den neuen Bundesländern kamen, den Segen »Der Herr sei mit euch ...« und wartete auf Antwort – vergeblich, denn die Soldaten schwiegen. Nur einer erwiderte, wie es die katholische Liturgie vorsieht: »... und mit deinem Geiste.«

Darauf rief ein Unteroffizier, sichtlich erbost über die seiner Meinung nach wohl unangebrachte Äußerung: »Ruhe! Quatsch dem Pastor nicht dazwischen!«

Richtig! Der Pfarrer ist wie ein Vorgesetzter, da redet man nicht ungefragt!

Funken will gelernt sein ...

Auf meiner letzten Übung bei der Bundeswehr spielte sich eines Abends folgendes Miniaturdrama ab: Abends um halb zehn, nach einer Nacht ohne Schlaf, wollte unser Zugführer jemanden anfunken. Man hörte also:

»Acht zwo, hier Zugführer zwoter, bitte kommen!«

Nur hatte der gute Mann völlig vergessen, dass er den Zug gewechselt hatte. Ergebnis: Er rief sich selber, da acht zwo die taktische Abkürzung von Zugführer zwoter war. Naturgemäß fühlte sich jetzt niemand veranlasst zu antworten. Dieses Schweigen im Äther wurde zuerst noch geduldig aufgenommen:

»Acht zwo, hier Zugführer zwoter, bitte kommen, bitte kommen!!«

Natürlich wieder keine Antwort. 30 Sekunden später:

»Acht zwo, hier Zugführer zwoter, bitte KOMMEN, KOMMEN!!!«

Stille, aber nur noch zehn Sekunden (die Geduld ging zu Ende):

»Acht zwo, Acht zwo, hier Zugführer zwoter, hier Zugführer zweiter, KOOOOMMMMENNN!«

Inzwischen war wohl alles, was die Frequenz mithören konnte, nur noch am Grölen, der Humor war wie immer einseitig, dem guten Mann riss nun endgültig der Geduldsfaden:

»Acht zwo, WENN SIE NICHT AUF DER STELLE ANTWORTEN, DANN KOMME ICH PERSÖNLICH VORBEI UND DANN BRINGE ICH IHNEN BEI, WAS ES HEIßT, MIR NICHT ZU ANTWORTEN!«

Es erbarmte sich der Feuerleituffz, machte seinen Bagger auf und rief »Das sind Sie doch selbst!« hinüber. Man konnte die darauf folgende Stille regelrecht hören, was auch daran lag, dass inzwischen kaum noch jemand Luft zum Atmen hatte.

Wer dachte, dass es das jetzt war, der wurde eines Besseren belehrt. 20 Sekunden später:

»Zwotes, hier Zugführer zwoter, bitte kommen.«

Na, endlich, wir waren gemeint, also Antwort:

»Zugführer zwoter, hier zwotes kommen …«
Und nun kam es:

»Hier, (Pause), ähhh, (längere Pause), mhhh, (ganz lange Pause), WER ZUM TEUFEL WAR ICH JETZT NOCH MAL, (Pause), äh, (lange Pause in der deutlich vom Feuerleituffz der Ruf zu hören war: »Zugführer zwoter«), ach ja, hier Zugführer zwoter, wie viel Schuss haben Sie noch am Geschütz, kommen?«

Zur Antwort musste mein Funker aufs Dach der Haubitze klettern, damit unser Lachen nicht über Funk zu hören war.

Das darf doch wohl nicht wahr sein!
In welchem Mädcheninternat hat dieser
Stümper denn Funken gelernt?

Die geilste Funkmeldung, die ich jemals hörte, wurde 1991 so gesendet: In unserer Batterie gab es einen Stabsunteroffizier – nennen wir ihn einfach mal SU Söldner (Name leicht abgeändert). Dieser SU war der Prototyp aller SUs: Zivilversager, absolut unfähig, dafür aber ein ausgewachsenes Großmaul. Seine hervorstechendste Eigenschaft war allerdings seine außergewöhnliche Primitivität. Irgendwie hat es besagter SU geschafft, sich ein Weibchen zu angeln, zu ehelichen und zu schwängern. Diese Tatsache musste der Papa in spe wirklich jedem erzählen, ob derjenige es nun hören wollte oder nicht, ob es ihn etwas anging oder nicht. Bis zum letzten Kanonier musste er die frohe Kunde verbreiten, dass einer seiner Schüsse ins Schwarze gegangen war. Aber wie tat er das? So wie jeder normale werdende Vater, der da üblicherweise sagt: »Meine Frau ist schwanger« oder »Ich werde Papa«?

Weit gefehlt! Doch nicht der Neandertaler des Bataillons, nicht SU Söldner. Dieser sagte immer wieder den gleichen Satz:

»Meine Frau wirft.«

Zu jedem, zu allen, bei jeder Gelegenheit. Als die Sache die Runde machte, hörte man im Bataillon immer das gleiche Gespräch: »Du glaubst nicht, was mir der Söldner ...«

»Ich weiß, seine Frau wirft. Hat er mir schon gestern dreimal erzählt.«
ZEITSPRUNG

Ein paar Monate später, das Btl ist im Manöver im Mekka der Artilleristen: Auf dem TrpÜbPl Baumholder. SU Söldner hat keinen Urlaub für die geplante Geburt genommen und ist daher mit im Manöver. Eines Morgens, das Btl hat gerade wieder eine Nacht im Verfügungsraum verbracht, der Spieß kommt gerade mit dem Frühstück heraus, die Sonne kriecht langsam über die Baumwipfel, der Morgennebel beginnt sich zu heben, die Soldaten sortieren ihre Knochen nach einer langen, harten und kalten Nacht in der Haubitze / dem MTW, da passiert es – das Funkgerät quakt los, auf dem Bataillonsführungskreis:

ACHTUNG, ACHTUNG,

GANZES BATAILLON

ACHTUNG, ACHTUNG,

ES FOLGT EINE WICHTIGE MELDUNG,

ACHTUNG, ACHTUNG:

DIE KUH HAT GEKALBT

ICH WIEDERHOLE:

DIE KUH HAT GEKALBT

Ich habe nie erfahren, ob es ein Junge oder ein Mädchen war.

*Ich hoffe sehr, dass es ein Junge
geworden ist. Dann wird er ein genauso
hervorragender Soldat wie sein Vater.*

Unser geliebter Fahnenjunkie T. war eingesetzt auf dem Beobachtungshügel, im Beobachtungspanzer (ein umgebauter Jaguar-Jagdpanzer)
und sollte die Funkgeräte bedienen.

Ich war eingesetzt in der EloInst (Für Verweigerer: Elektronik-Instand-
setzung, diese Leute bringen die Funkgeräte wieder in Ordnung), und
bei uns kam eine Meldung von eben jenem Beobachtungshügel: »Funk
in einem der Panzer funktioniert nicht.« Meiner einer, seinerzeit relativ
frischer Uffz gewesen, also Klamotten von mir und meinem Gestreiften
gecheckt, ABC-Ausrüstung geprüft (der Kommandant war schließlich
da und man wollte einen guten Eindruck machen). Dann rauf auf den
Trupp, Gestreiften ans Steuer und losgefahren wie der wilde Wutz. Auf der
Einfahrt zum Beobachtungsberg den harten Hut auf die Rübe und weiter
am Posten vorbei und tüchtig stolz gewesen, dass alles so gut geklappt
hat. Noch mal schnell die Vorschriften in Erinnerung gerufen »Fahrzeug
abtarnen lassen, schnellen sicheren Schrittes zum Präsi, Ranghöchsten
grüßen, Meldung machen, Funk in Ordnung bringen, Meldung machen,
Fahrzeug abtarnen, abhauen, durchatmen.« Und das klappte auch
wie geschmiert, schließlich ging ich zum Panzer, in dem der Funk war,
krabbelte rein und sah – den Fahnenjunkie T. Und dachte mir schon: So
schlimm kann das ja nicht werden.

Er erzählte mir dann, was Sache war: »Also, ich krieg keine Verbindung zu
den anderen, und davon hängt jetzt das Schießen ab, und ich weiß auch
nicht, das ist doch alles richtig, und ich hab doch gar nichts gemacht, das
Ding muss bestimmt ausgetauscht werden, und ...«

Das benutzte Funkgerät war das SM25 (der Name kommt wahrscheinlich von SadoMaso 25 Kilo oder vom Baujahr oder so), das heute
wahrscheinlich gar nicht mehr benutzt wird. Dieses Gerät, muss man
wissen, besteht aus drei Grundelementen: der Bodenplatte, dem Gerät
an sich und dem Bedienteil. Diese Einzelteile sind durch Kabel mitein-

ander verbunden. Das Hauptteil war durch das sogenannte Kabel 3 mit der Bodenplatte verbunden. Dieses Kabel 3 ging gerne kaputt, und daher bereitete ich mich innerlich schon auf das Durchmessen der Kabel vor, nachdem ich durch eine einfache Prüfung ausschloss, dass die ganze Anlage einfach verstellt war.

Als ich allerdings das Kabel 3 abschrauben wollte, fiel es mir geradezu in die Hand, es war nämlich gar nicht arretiert und hatte daher keinen Kontakt. Das hat selbstverständlich jede Kommunikation im Keim erstickt. Als ich also Fahnenjunker T. darauf aufmerksam gemacht habe, begannen wir zu verhandeln, was es ihm denn wert sei, dass ich dieses Wissen für mich behielt. Schließlich wurden wir uns einig, ich blieb noch ein bisschen im Panzer, um die Illusion eines echten technischen Defekts zu erzeugen, und meldete schließlich dem Kommandanten die erfolgreiche »Reparatur« der Anlage. Dabei faselte ich etwas von einem Kabelbruch und dergleichen. Schließlich konnten wir den Hügel verlassen und wurden abends noch reichlich mit Gerstensaft von einem überaus spendablen Fahnenjunker gesponsert.

 *Es gibt doch noch fähige Männer beim Bund. Sehr guter Mann in der EloInst. Danach funktioniert wenigstens wieder alles. Auch äußerst kameradschaftlich, dem Funker aus der Bredouille zu helfen. Weiter so. Wegtretääään!*

Hier spielt die Musik

Wir mussten das Stabsmusikkorps Bonn in Bonn vertreten. Weil wir am nächsten dran sind, vertreten wir sie bei Staatsempfängen, wenn sie unterwegs sind. An diesem Tag kam der ukrainische Verteidigungsminister (glaube ich jedenfalls).

Es war saukalt auf der Hardthöhe bzw. generell, sodass uns die Ventile der Instrumente eingefroren sind. Daher konnte die Paradereihe anstelle des preußischen Parademarsches nur mit Schlagzeugbegleitung abgenommen werden.

Tags darauf wurde bei swr3 oder swr1 erwähnt, dass wir dem Verteidigungsminister Rühe »keinen Marsch blasen konnten«.

Der ukrainische Verteidigungsminister meinte wohl noch, dass man Wodka in Instrumente und Soldaten füllen solle, das würde die Spielbereitschaft der Instrumente sowie die Laune der Soldaten verbessern.

Welch Versager. Da kommt schon einmal hoher Besuch - und dann das! Eine Schande für die ganze Kompanie.

Ich war ja Musiker bei der Bundeswehr, also genau genommen Trompeter. Nachdem mir zwei Weisheitszähne gezogen worden waren, hat der Stabsarzt mir eine Krankmeldung geschrieben. »Zwei Tage vom Blasen befreit« stand auf meinem Attest.

Was gibt es da zu lachen? Das ist ein astreines Attest.

Der Panzer, oder wie heißt das grüne Ding?

Gruppenführer zur 2. Gruppe: »Was ist das für ein Panzer?«
Antwort Rekrut Lüke: »Ein grüner, Herr Unteroffizier!«

Falsch! Korrekte Antwort wäre »ein OLIV-GRÜNER«! Wegtreten!

Völlig übermüdeter Richtschütze lehnt am Panzer in der Panzerhalle und schläft. Zugführer HFw kommt zu ihm und fragt ihn laut: »Obergefreiter, was machen Sie da?«
OG: »Äh, Blinker des Panzers überprüfen, Herr Hauptfeldwebel. Geht, geht nicht, geht, geht nicht ...«
Danach war der HFw auch gar nicht mehr sauer ...

Solche Leute braucht das Land.

Es ist eine Binsenweisheit, dass man niemals eng hinter einem Panzer herfahren soll, weil die 1. so schnell bremsen und 2. dabei auch noch hinten erst hochgehen, um sich dann auf das druntergefahrene Auto zu senken. Ist für das Auto und die Insassen nicht so gesund, dem Panzer ist es egal. Für Panzerhaubitzen gilt Ähnliches. Weniger bekannt ist indessen, dass zwar ein Panzer bei 40 km/h innerhalb von fünf Metern steht, der Panzerchef aber einen Bremsweg von 15 Metern hat, wenn er vorher nicht Bescheid bekommt.

Und so sollte F. eines Tages auch mal ein Geschütz führen. Doch er machte den fatalen Fehler, dem Fahrer »Panzer halt« zu befehlen. Das bedeutet aber (im Gegensatz zu »Panzer anhalten«) eine sofortige Vollbremsung. Befohlen, ausgeführt und F. flog in hohem Bogen über die ganze Haubitze hinweg in eine riesengroße Schlammpfütze auf dem Feld. 5,8 in der B-Note, keine schweren Verletzung, nur der Kopfhörer für den Funk war hinüber. Aber für drei Tage musste er mit der verschlammten Kombi durch die Gegend laufen, und jedes Mal, wenn ein Vorgesetzter auftauchte, war er gerade hinterm Busch ...

Es ist unverzeihlich, sich einfach vor den Ausbildern hinter dem Busch zu verstecken. Ich hätte jeden Busch durchsuchen lassen, um diesen Feigling zu finden.

Als ich beim Bund mal einen kalten Unimog den Berg raufprügelte, musste ich einen Gang ziemlich heftig einlegen, um nicht zurückzurutschen. Darauf bekam ich von einem Hauptmann zu hören, ob ich nicht wüsste, wie ein Soldat ein Auto zu fahren hätte ... Eine recht spontane Antwort brachte mir ein Dienstwochenende ein: »Ein Soldat schaltet, wie er spricht: Laut und deutlich!«

Ich bin sprachlos. Großes Lob an den jungen Rekruten.

Der dumme Vorgesetzte

Der dämlichste Vorgesetzte, den ich bei der Bundeswehr erlebt habe, war Fähnrich F. Er kam als Fahne, wurde Oberfahne und ging als Lolli. Und niemals sprach man von ihm anders als so. Sein Name und sein Dienstgrad fielen einem nur ein, wenn er vor einem stand.

Er führte sich gleich richtig ein. Wir waren im Gelände mit den Haubitzen, als er mit dem Spieß vorfuhr. Der neue Zugführer. Die Spannung war groß, immerhin war es noch völlig offen, wie der sich einpassen würde (tja, wenn die Uffze rar sind und die Mannschaften die Geschütze führen, dann ist die normale Hierarchie ein wenig auf den Kopf gestellt).

Er also, sportlich, sportlich, in das erste Geschütz reingehüpft, dort allen Menschen die Hand gegeben und das ohne militärisches Antreten. Sah gut aus, machte Eindruck. Er stellte auch die richtigen Fragen, hörte zu, kurzum, es ließ sich gut an bis zu dem Moment, an dem er aus dem Bagger rauswollte. Nun muss man sich dafür schon ziemlich tief bücken und darf sich erst einen Schritt NACH der Luke wieder aufrichten, weil außen noch Staukästen angebracht sind. Fähnrich F. bückte sich, ging durch die Luke und richtete sich auf. Ein dumpfes Dröhnen (Hohlkörper auf Hohlkörper), ein Schrei und ein Fluch waren zu hören. Na ja, ist jedem mal passiert, wir hatten direkt Mitleid mit ihm. Nur ...

... bei jedem der drei Geschütze, aus denen er an diesem Tag ausstieg, richtete er sich sofort nach der Luke auf. Und es blieb nicht dabei. Es war direkt absonderlich. Bis zum Ende seiner Zeit bei uns haben wir immer darauf gewartet, dass er mal ohne Kopfschmerzen das Geschütz verlässt. Er hat auch nie begriffen, warum er bei Inspektionen nachts immer nur höchstens ein Geschütz überraschen konnte. Die anderen waren ja akustisch bestens vorgewarnt. Ein Dröhnen, ein Schrei, ein Fluch, und alle wussten, die Fahne ist wieder unterwegs. Selbst an seinem letzten Tag hatte der arme Kerl es noch nicht gelernt. Er wollte noch ein paar Fotos von sich im Geschütz haben. Beim Aussteigen ... richtig. Der Zug lag hilflos japsend am Boden, als er dann noch sagte: »Ich glaube, bald habe ich es begriffen!«

Nur ein harter Soldat ist ein guter Soldat.
Der Soldat kennt keinen Schmerz, auch nicht, wenn er sich den ganzen Tag den Kopf anschlägt.

Nachtschlaf ist eine schöne Sache. Leider ist er auf Übungen der Bundeswehr eher selten (es gibt auch Einheiten, wo TTV nicht ganz oben steht).

Um drei Uhr morgens erforderte es die Manöverlage: Stellung verlegen. Nun gab es da ein kleines Missverständnis zwischen der höheren Ebene und F. Zwischen Vorbereiten zum Stellungswechsel und Stellungswechsel ist halt ein kleiner Unterschied. Ergebnis: Hektische Anfrage von oben, warum wir nicht schon längst in der neuen Stellung wären. Es kam sogleich zu einem überhasteten Aufbruch und F. vergaß völlig, uns über die Lage der neuen Stellung zu informieren. Wäre auch nicht tragisch gewesen, wenn er nicht seinem Fahrer gesagt hätte: So lange geradeaus, bis ich etwas anderes sage. Der arme Mensch hielt sich natürlich dran, nicht ahnend, dass sein Chef nach fünf Minuten im Stehen eingeschlafen war. So fuhren wir und fuhren wir und fuhren wir ... über eine halbe Stunde geradeaus. Dann ging es nicht mehr weiter, und beim Bremsen wachte F. dann auch prompt auf. War gar nicht so einfach, herauszufinden, wo wir waren und wo wir denn nun hinsollten, und das alles möglichst auch noch, ohne dass es Vorgesetzten auffiel. Vertuscht wurde die Irrfahrt übrigens durch eine Reihe von »Motorpannen«, was den Fahrern noch den Rüffel einbrachte, sie sollten besser aufpassen.

Ach ja: Am Tag vorher hatte F. noch folgenden Spruch gebracht: »Nun stellen Sie sich nicht so an mit dem Schlaf. Sie werden sich ja wohl ein bisschen zusammenreißen können!«

Das kann ja mal passieren, so ein kleines Malheur. Nicht der Rede wert.

Er hatte es endlich geschafft. Wir hatten vorher erwähntem Fähnrich F. über alle Hürden hinweggeholfen, und er wurde zum Lolli befördert. Na ja, eine Hürde lag noch vor ihm: eine Nachtübung. Er hatte inzwischen begriffen, wie der Hase lief, und zwei Tage vorher war die Anzahlung in Form von Bier und Würstchen verputzt und die Feier war auch schon geplant. Wir haben also noch einmal ganz brav so getan, als würde er die Befehle geben. Vier Uhr morgens: Oberst zufrieden, Belobigung ausgesprochen, F. erleichtert. Und dann bringt er Folgendes: In seiner Erleichterung zündet er sich neben dem Oberst eine Zigarette an. Nachts, auf einer Übung. Der Oberst hätte fast einen Koller bekommen. F. hat aber einigermaßen vernünftig reagiert, Belobigung wird nicht gestrichen, Beförderung bleibt in Sicht und F. geht mal zu den Geschützen, um sich zu bedanken.

Erstes Geschütz, Rumms, zweites Geschütz, Rumms, und auf dem Weg zum dritten zündet er sich mitten auf dem freien Feld noch eine Zigarette an. Der Schrei des Oberst übertönte mühelos einen Panzermotor. Das Ergebnis: Am nächsten Tag wurde noch eine Nachtübung angesetzt, um F.s nun verpatzte Beförderung zu retten. Es war wahrscheinlich eine der teureren Beförderungen bei der Bundeswehr, denn diesmal musste F. uns sehr großzügig versorgen, damit wir mitmachten. Batteriefest mit kaltem Buffet und Bier und Schnaps bis zum Abwinken. Tja, Dummheit kann teuer werden.

Erstunken und erlogen. Beförderungen werden nicht teuer bezahlt, sondern hart erarbeitet!

... und es gibt noch mehr von der Sorte

Bei der morgendlichen Feststellung der Anwesenheit bemerkte ein schlauer StUffz der Marke Zivilversager, dass einer der Abiturienten nicht anwesend war: »Wo ist Kanonier Hassenichgesehen?« Antwort eines Kameraden: »Der hat Urlaub.« StUffz trägt ein: »Kamerad xy abwesend, Grund: unbekannt.« Frage StUffz: »Warum?« Antwort: »Der ist zur Immatrikulation!« Ungefähr drei Dutzend Fragezeichen tauchten über dem Kopf des StUffz auf, nach 30 Sekunden traut er sich zu fragen: »Was ist das denn?« Antwort: »Das ist, wenn man sich an einer Universität einschreibt.« StUffz: »Buchstabieren!« Antwort: »I – M – M ...« StUffz: »Ach Scheiße, ich schreib jetzt ›private Gründe‹!«

Eine Immatri-Dingsbums ist ein privater Grund, dass hat der schlaue StUffz sehr gut erkannt.

Flieger : »Ich komm mit dem Ausbilder nicht klar. Ich will nicht bei ihm in die Gruppe ...«
Vertrauensperson (VP): »Ich werde mit ihm reden, aber ohne Namen zu nennen ... man sollte es vielleicht erstmal mit einem Drei-Augen-Gespräch versuchen.«
Flieger : »Ja, ich wäre auf jeden Fall zu einem Drei-Augen-Gespräch bereit.«
VP geht ... und kommt zurück.
VP : »Okay, er meint auch, er wäre zu einem Drei-Augen-Gespräch bereit.«

Das zeugt von Führungsqualität, ein Gespräch zu suchen. Es gibt wirklich gute Männer bei der Bundeswehr.

Das Ganze findet in einer GA-Einheit der Marine statt.

Ich als junger Uffz werde dorthin versetzt. Mein Zugführer ist ein Leutnant, der in der Kaserne schon den Ruf hat, immer alles zu verpeilen. Bei der ersten Besprechung sagte er zu seinen Ausbildern: »Männer, wir treffen uns jetzt jeden Morgen vor der Musterung vor meiner Stube, um dort ein Briefing abzuhalten.«

Als wir am nächsten Morgen um 06.45 Uhr an die Tür geklopft haben, passierte gar nichts. Wir also wie gewohnt die Musterung um 07.15 Uhr abgehalten, im Anschluss kommt der Lt auf uns zu und sagt: »Warum waren Sie nicht um 06.45 Uhr an meiner Stube?«
Wir haben ihm erklärt, dass wir da waren. Er beendete sofort das Gespräch mit den Worten: »Okay, Männer, aber morgen!«

Das Ganze wiederholte sich dann die nächsten drei Tage.

Am vierten Tag haben wir wie gewohnt angeklopft und uns mittlerweile abgerollt. Nur, dass ein OMT von uns dann die Nase voll hatte und die Türklinke runterdrückte. Abgeschlossen!

Als die Musterung dann zu Ende war, kreuzte der verpeilte Lt auf und sülzte uns wieder einmal an.
Einem Ausbilder von uns wurde das dieses Mal zu viel. Er sagte zu dem Lt, dass wir seit vier Tagen jeden Tag klopften, doch nichts würde passieren. Der Lt unterbrach den OMT und sagte: »Ich habe aber laut und deutlich ›Herein!‹ gerufen.«
Daraufhin der OMT: »Ich habe versucht, in die Stube zu kommen, aber die Tür war abgeschlossen! Haben Sie sich etwa eingeschlossen?«
Der Lt war total verwirrt und sagte: »Ja, ich habe mich eingeschlossen, aber laut und deutlich ›Herein!‹ gerufen!«

Jaja, so sind sie, die Offiziere!!!!

Die Rekruten haben sich wohl in der Tür geirrt. Was für ein Mädchenhaufen, der sich darüber aufregt, dass er früher aufstehen muss. Sollen sie mal froh sein, dass sie ein eigenes Bett haben, bzw. bei der Marine heißt es ja Koje.

Hauptfeld vor seinem Zug: »Wenn ich rede, haben sie Schweigeverbot!«

Sehr richtig! Und halten Sie den Mund, wenn Sie mit mir reden!

PzGren im Divisionsstab geht mit mehreren Aktenordnern die Treppe rauf und trifft BG S.
BG S. »Warum benutzen Sie nicht den Aufzug?«
PzGren »Ich habe keine Hand frei, um den Knopf zu drücken.«
BG S. »Ich zeige Ihnen das.«
Nimmt dem PzGren die Ordner ab, geht in die Knie und drückt mit der Nase auf den Knopf.

Hilfsbereit und einfallsreich. Ich hätte das den Rekruten gleich noch einmal selber machen lassen, zur Übung!

Ein terroristischer Angriff

Ich hatte Haupttorwache. Es war früh am Morgen, sehr früh, denn es war noch dunkel. Ich sitze also mit einem zweiten Wachsoldaten gemütlich im Wachgebäude. Kreuzworträtsel, Zigarette, das Übliche halt. Plötzlich fährt ein alter VW-Bus vor. So einer, wie er gerne in Terroristenfilmen zum Einsatz kommt. Mit einem Affenzahn vors Tor gefahren und scharf gebremst. Der Fahrer steigt circa eine halbe Minute später aus, geht zum Tor und schiebt ein kleines weißes Päckchen unten durch.

Ich schaue meinen Kameraden an, er schaut mich an. Beflügelt durch den fehlenden Schlaf, den erhöhten Stress der vergangenen Wachstunden und das ominöse Aussehen des VW-Busses denken wir beide natürlich gleich ans Schlimmste. Genau, an eine Bombe oder so was in der Art. Fünf Minuten lang saßen wir starr wie Salzsäulen im Wachgebäude, bis sich mein Kamerad dazu entschloss, unseren Wachuffz zu informieren. Der ist natürlich total müde und sauer aufgestanden, hat sich die Story angehört und aus dem Wachgebäude geschaut. »Los, einer von euch geht nachsehen«, sagte er zu uns. Da mir beim Bund sowieso alles egal war, bin ich auf diesen Befehl sofort rausgegangen, um die »Bombe« zu bergen. Ich also hin, und als ich auf einen Meter ran war, musste ich mir dermaßen das Lachen verkneifen, denn ich wollte mir noch einen kleinen Spaß gönnen.

Ich hob das Päckchen ganz vorsichtig hoch und trug es langsamen Schrittes Richtung Wachgebäude. Mein Wachkamerad öffnete die Tür und sah dabei, wie auch der Uffz, ziemlich ängstlich aus. Ich grinste, warf die Kompaniezeitungen auf den Boden und sagte: »Hier habt ihr was zum Lesen.« Wir haben unserem Uffz am nächsten Tag ein paar Bier spendiert, damit er seine Klappe hält.

Sehr leichtsinnig! Die Zeitungen hätten ja auch präpariert sein können ...

Die Uhrzeit

Als mein Kumpel auf einem Fliegerhorst Dienst tat, war es üblich, dass der Dienstbeginn inklusive Wetterbericht per Fliegerhorst-Rundsprechanlage bekannt gegeben wurde. Das musste ein Wehrdienstleistender machen, und es hörte sich etwa so an:

»Guten Morgen! Das Wetter: blabla ... Es ist 7.30 Uhr, Dienstbeginn.«

An seinem letzten Tag machte der W15er wie üblich seine Meldung. Anschließend knackte es noch einmal und es kam die Meldung:

»Noch mal für Offiziere: Es ist dann 7.30 Uhr, wenn der kleine Zeiger auf der 7 steht und der große auf der 6!«

Drei Minuten später meldete sich der Geschwaderkommandant mit den Worten:

»Der Soldat, der das gesagt hat, soll sofort zwecks Wehrdienstzeitverlängerung bei mir antreten! Das ist ein Befehl!«

Resultat: 3 Wochen nachdienen.

Das wären bei mir nicht nur 3 Wochen gewesen. Wenn ich dort das Sagen gehabt hätte, dann hätte dieser Rekrut mindestens 6 Wochen meiner persönlichen Sonderbehandlung genossen.

Uffz1: »Wie spät ist es?«
Uffz2: »Zwölf Uhr dreißig MEZ!«
Uffz1: »Wieso MEZ?«
Uffz2: »Militärisch Exakte Zeit!«
Ufzz1: »Idiot!«

Wieso ist der ein Idiot???

Die anderen sind auch nicht besser ...

Von unseren amerikanischen Kollegen können wir eine Menge lernen. Beispielsweise hinsichtlich des Heldenmutes, den die lieben Kameraden von der anderen Seite des großen Teiches in Filmen wie »Rambo« so großartig verherrlichen ...

Wir taten unseren Dienst an einem schnuckeligen, idyllisch im Wald gelegenen Sonderwaffenlager. Den ganzen Tag Perimeterbewachung, während sich unsere amerikanischen Kameraden mit allerlei Basteleien im Inneren des Lagers beschäftigten.

Beeindruckt durch einschlägige amerikanische Meilensteine des (Anti-) Kriegskinos waren wir selbstverständlich der Meinung, dass es sich bei den G.I.s durchweg um stahlharte Eisenfresser handeln müsste, die jeden Morgen mindestens einen Liter Napalm saufen und danach Eiswürfel pinkeln ... Dieser Eindruck bekam einen ernsthaften Knacks, als es eines schönen Mittags einen fürchterlichen Knall gab!

Die Wachablösung sollte vor dem Wachgebäude antreten. Kamerad Callus war der Erste und langweilte sich ein wenig, weil sich die anderen Jungs etwas Zeit ließen. So begann er, an seinem G-3 herumzuspielen. Entsi-

chern ... sichern ... entsichern ... abkrümmen ...
BUMM!!!

Da hatte doch glatt ein Spaßvogel von der Waffenkammer eine Übungspatrone ins Patronenlager geschmuggelt, die nun mit einem imposanten Knall losging. Neugierig, wie wir waren, wollten wir doch gleich einmal nachschauen, ob ein Kriegchen ausgebrochen war. Callus klärte den Sachverhalt schnell auf und wir kommentierten seinen Schuss mit Bemerkungen wie »Sensationell!«, »Donnerwetter!« oder »Waffenkammerhengste ...«
Nachdem auch der Sicherungsgruppenführer zu unserer Versammlung gestoßen war und langsam wieder Ruhe einkehrte, hörten wir plötzlich seltsames Geklapper vom Seiteneingang des Wachgebäudes, der um die Ecke lag. Eben an dieser Ecke erschienen plötzlich zwei G.I.s in geduckter Haltung. Dem Umfang ihrer Bewaffnung nach zu urteilen, wollten sie Moskau im Alleingang stürmen und anschließend in China noch ein kleines Massaker veranstalten.
Es stellte sich heraus, dass man im amerikanischen Teil des Gebäudes den Schuss gehört und sofort mit dem Schlimmstmöglichen gerechnet hatte: Da könnte ein böser Mensch aufgetaucht sein! Also hatten sich unsere Kameraden aus Übersee vorsichtshalber in der Waffenkammer eingeschlossen. Dort hatte man zwei Freiwillige ausgeguckt, sie über und über mit Knarren und Knallfröschen behängt und sie dann vor die Tür geschoben, um die Lage zu erkunden.
Nachdem wir den beiden Knallköpfen klargemacht hatten, was eigentlich passiert war, bedurfte es noch einer halben Stunde Überzeugungsarbeit, um die anderen Amis aus der Waffenkammer zu locken. Sie waren der Meinung, ein russisches Spezialkommando stünde vor der Tür und hätte die beiden »Kundschafter« als Geisel genommen ...
Da sage ich aus vollem Herzen: »Scheiß auf Rambo!!!«

Das hätte ich Ihnen auch gleich sagen könnten, dass die Amis kleine Angsthasen sind. Das bestätigt es nur noch einmal, dass nicht jeder amerikanische Soldat ein Rambo, Terminator oder Superman ist.

Auch im österreichischen Heer gibt es ziemlich dumme Soldaten.
Einer dieser Soldaten war ein gewisser Ringmeier. Im sechsten Monat
unserer Dienstzeit hieß es für uns ab an die Grenze (Österreich-Ungarn)
für 30 Tage Grenzschutz. Man kann nicht mal sagen, dass wir unglück-
lich darüber waren. Da es ja ein Einsatz und keine Übung war, wurden wir
natürlich auch nicht geschunden wie sonst. Störend waren lediglich die
– 20 Grad, die wir teilweise hatten (vor allem in der Nacht und bei Wind
ziemlich unangenehm) und die endlose Steherei auf dem Posten. Auf
einem Posten standen immer zwei Rekruten. Prinzipiell durften wir uns
aussuchen, mit wem wir Posten stehen wollten, nur in der letzten Woche
hat sich unser Gruppenkommandant dazu entschlossen, mal die zusammen auf einen Posten zu stellen, die bisher noch nicht das Vergnügen
hatten.

So kam es, dass ich mit »Ringl«, wie wir ihn nannten, sieben Tage und
Nächte lang (natürlich mit zeitweiligen Unterbrechungen) alleine in der
»Wildnis« verbringen durfte. Am schlimmsten waren immer die Nächte
(Dienst von 18.00 Uhr bis 6.00 Uhr morgens). Schlafen am Posten war
natürlich strengstens verboten, nach ein bis zwei Wochen war's den
meisten aber dann egal, und man wechselte sich stundenweise ab. Einer
pennte in der Posten-Hütte, der andere stand davor und hielt Wache.
Wissend, wie dämlich mein Posten-Kollege ist, versuchte ich natürlich
Kapital daraus zu schlagen, wenn ich schon eine Woche lang mit dieser
Hohlbirne verbringen musste. Ich legte mich also in die Hütte und schlief
die erste Stunde, wie es ausgemacht war. Nach der Stunde weckte er
mich auf und ging selbst hinein, um zu schlafen. Ringl war ein Phäno-
men. Es dauerte keine 20 Sekunden und der Typ pennte wie ein Stein. Na
ja, ich wollte natürlich keine ganze Stunde draußen stehen und ging daher nach zehn Minuten in die Hütte und weckte Ihn mit den Worten: »Na,
was is los Ringl, jetzt pennst du schon wieder fast anderthalb Stunden,
stell' dich endlich mal wieder raus!!!« Völlig geschockt sprang Ringl dann
immer auf und stellte sich wieder brav vor die Tür auf den Posten, und ich
hatte wieder eine Stunde mehr Schlaf.

In der dritten oder vierten Nacht unserer gemeinsamen Dienstzeit
näherte sich – Ringl schlief schon fünf oder zehn Minuten – ein kleiner
Geländewagen (Puch). Das gefiel mir natürlich gar nicht, da mit solchen
Fahrzeugen entweder Förster (um diese Uhrzeit eher unwahrschein-

lich) oder im schlimmeren Fall hohe Tiere unseres lieben Bundesheeres unterwegs sind, und ich beschloss deshalb, Ringl mit dem weiteren Vorgehen unsererseits zu beauftragen. Ich klopfte also an die Türe und schrie nur: »Da kommt wer!!!« Jetzt kam mein lieber Freund natürlich in einen leichten Stress: Da der Temperaturunterschied zwischen Hütte und draußen ungefähr 30 Grad betrug, mussten wir uns natürlich zum Pennen einiges ausziehen. Durch die eisige Kälte war es noch dazu seeehr viel, was da aus- und nachher wieder anzuziehen war. Ringl versuchte nun verzweifelt, sich zu adjustieren. Oder besser gesagt so gut, wie es eben in 15 Sekunden möglich war. Wichtiges Detail nebenbei: Einer aus unserer Gruppe (Hofstätter hieß er) ist kurz vor der Abfahrt an die Grenze krank geworden und blieb in der Kaserne, sollte aber nach Genesung sofort nachkommen. So standen wir jetzt (in der Dunkelheit) vor der Posten-Hütte, ich bestens adjustiert und Ringl wie der letzte Penner aus den Slums. Ausgemacht ist aber ausgemacht, und so kümmerte sich Ringl zunächst alleine um unseren »Besuch«. Mir war eigentlich sehr schnell klar, dass es sich bei den Typen im Puch nur um den Kommandanten des gesamten Grenzeinsatzes (ein verdammt hohes Tier) mit seinem Gefolge handeln konnte. Ringl allerdings dürfte das noch nicht mitbekommen haben, entweder aus Gründen seiner (teilweisen) Nachtblindheit oder weil er noch ziemlich verschlafen war. So steht der zerzauste Ringl also vor den drei hohen Tieren (ein Brigadier, ein Oberstleutnant und ein Leutnant), nimmt seine Taschenlampe, leuchtet dem Brigadier mitten ins Gesicht und sagt: »Hofstätter, bist du's?« Ich habe keine Ahnung, wie der Typ auf die Idee gekommen ist zu glauben, dass um 3.00 Uhr nachts ein Puch zu unserem Posten kommen würde, um einen Rekruten abzuliefern, der wegen Krankheit erst verspätet zum Grenzeinsatz gekommen ist … Ich konnte den Gesichtsausdruck der drei nicht wirklich erkennen, aber ich hab ihn mir mindestens hundert Mal vorgestellt. Anstatt eine richtige Meldung zu erstatten, laberte er also irgendwas von diesem Hofstätter. Der Brigadier fing gleich an zu brüllen und herrschte Ringl an, ob er denn total besoffen sei. Als Ringl mitbekam, was eigentlich vor sich ging, versuchte er verzweifelt noch irgendwie eine Meldung rauszubringen, was ihm jedoch auch nach mehreren Anläufen nicht gelang.

So wandte sich der Brigadier schließlich an mich, ich lieferte die Meldung anweisungskonform ab und wurde sogar noch gelobt. Ringl verbrachte die letzten Tage an der Grenze auf einem Feldposten, dessen Aufgabe darin bestand, die ganze Nacht in einer Wiese zu liegen und nach Geräuschen von illegalen Grenzgängern zu lauschen.

Na ja, was soll man auch über die Ösis sagen?

Körperhygiene

Es kommt vor, dass gewissen Kameraden die Dusche nicht gefällt. Ein solches Exemplar wohnt bei meinem Kameraden auf Stube, nennen wir ihn »Stinker«.

Stinker geht morgens oder abends nicht in den Waschraum, sondern zieht seinen Kombi an und geht direkt in die Halle, abends zieht er ihn aus und geht direkt ins Bett

Doch nach einiger Zeit hat Stinker dem Gefreiten Kamerad und dem StUffz selbst ein bisschen gestunken. Also sagten sie zu ihm: »Willst du heute nicht mal duschen gehen …?«
Stinker meinte nur: »Nein, die Duschen hier sind …«
StUffz: »Geh duschen!«
Stinker: »Halt's Maul!« (zum StUffz)

Also stellten sie ihm ein Ultimatum: Entweder duscht er innerhalb von zehn Minuten, oder er zieht aus.
Als die zehn Minuten rum waren, lag Stinker bereits im Bett und schlief und stank. Also wurde ein Vier-Mann-Team aufgestellt, von denen einer aber kurzfristig ausfiel, weil er seine ABC-Maske nicht fand, plus zwei

Sicherungsposten für die Treppenaufgänge. Dann zogen sich die drei Mann ihre ABC-Masken plus Nässeschutz an und gingen zu Stinker, um diesen aus dem Bett zu holen, ihm einen Streifen auf den Mund zu kleben, damit sie den Mundgeruch nicht abkriegten (war kein Filter auf der ABC-Maske) und schleiften ihn unter die Dusche. Dann wurde der Schlauch rausgeholt und Stinkerle abgespritzt.

Doch dieser ging – davon sichtlich unbeeindruckt – danach gleich wieder ins Bett, nass, wie er war.

Dieser Soldat leidet wohl an einer Wasserallergie. Abstellen und wegtreten.

Originell

Ich auf der Schießbahn – 400 Meter liegend – keine Ahnung, ob ich überhaupt auf meine Scheibe schieße. Zielauswertung, alles knapp daneben.
»Ey, Sie haben ja nicht einmal die Figur getroffen!«
Mein Antwort: »Na ja, aber so knapp, wie ich vorbeigeschossen habe, hat der Feind sich bestimmt mächtig erschrocken und ist abgehauen!«

Der Feind soll sich nicht »mächtig erschrecken«, er soll abgestellt werden! Was nützt einem ein fliehender Feind, wenn er am nächsten Tag wieder angreifen kann? Eben nichts! So kann man ihm dann wenigstens die Waffe abnehmen.

Unser Gruppendickster (aber komischerweise immer auch Gruppen-
fröhlichster) meldet mit hochroter Birne und total außer Atem mitten
bei einer Gefechtsübung: »Herr Hauptfeldwebel, ich melde, dass ich den
Kampf als verloren ansehe und dass ich mich durch Selbstmord den
feindlichen Kräften entzogen habe!«

Antwort (mit Rücksicht auf die körperliche Verfassung und der originel-
len Meldung): »Na gut, dann machen Sie mal 'ne Pause! Das heißt aber
nicht, dass wir hier jetzt rituellen Massenselbstmord begehen! Der Rest
stellt sich dem Feind und übersteht auch schlimmste Folter!!!«

 *Heldenhaft!*

San Ausbildung in der AGA:

SU: »Schütze Binser, was machen Sie mit einem verwundeten Kameraden?«

Binser: »Ich nehm sein Verbandspäckchen und flick ihn zusammen!«

SU: »BINSER, ES HEISST VERBANDPÄCKCHEN ...!! Ihre Freundin hat ja auch
keine Schamslippen in der Schubslade, ODER ...!?«

Binser: »Nee, das nicht, aber ich hab einen MündungSfeuerdämpfer am
Gewehr, und keinen Mündungfeuerdämpfer ... außerdem gehe ich ins
GeschäftSzimmer, und nicht ins Geschäftzimmer, Herr Stabunteroffi-
zier ...!«

SU fällt die Kinnlade herunter, schüttelt den Kopf und lässt die Gruppe
wegtreten ...

Diese ewige »S«-Diskussion! Und es heißt doch auch nicht Panzersketten, Puffsmutter oder Bratskartoffeln!

Der Überflieger

Nach einer Rekordfahrt von Reichenhall über die A 8 nach München in die Residenz: 148 Kilometer in einer Stunde und 18 Minuten. Gerüchten zufolge soll sich der Kommandeursfahrer trotz Regen weitgehend an die Geschwindigkeitsbegrenzung gehalten haben.

Kommandeur GebJgBtl 231 trifft Kommandeur GebJgBtl 232 auf dem Parkplatz.

Kdr 232: »Horrido, schon da? Bist doch erst um halb neun losgefahren?«

Kdr 231: »Obermayer, wenn Sie jemand fragt: Wir hatten eine Tiefflug-genehmigung!«

So soll es sein. Wenn nur alle so schnell zurückkommen würden ...

BUNDESWEHRWITZE

 Als Witz bezeichnet man einen kurzen Text, der einen Sachverhalt so mitteilt, dass nach der ersten Darstellung unerwartet eine ganz andere Auffassung zutage tritt. Das ist bei Bundeswehrwitzen ein wenig anders – Diese Witze bestechen vor allem durch eine Mischung aus Realität und doch ein wenig Überspitzung. Aber auch hier gilt das Motto (wie auch bei anderen Witzen): »Lieber einen Freund verlieren als einen Witz!«

Die Musterung

»Irgendwelche Fälle von Geisteskrankheit in Ihrer Familie?«
»Ja, meine Brüder. Die haben sich verpflichtet.«

- -

Musterung beim Bund.
»Na, was sind Sie denn?«
»Ich bin Komiker.«
»Komiker – na dann zeigen Sie mal, was Sie können!«
Der Komiker reißt die Tür auf und brüllt raus:
»Ihr könnt alle heimgehen! Ich habe die Stelle gekriegt ...«

- -

Schreibt einer auf den Zettel bei der Musterung: »Kann nicht sprechen! »Kommt der Arzt und sagt: »Legen Sie die Hand auf den Tisch und schließen Sie entspannt die Augen!« Der junge Mann macht die Augen zu und der Arzt haut mit einem Hammer drauf.
»AAAAAHHHHHHHHHHHHHHHHHHH !!!«
»Super ... und morgen lernen wir das B.«

Fredi will sich vor dem Wehrdienst drücken. Bei der Musterung erklärt er: »Ich leide an Asthma, Husten und Luftmangel beim Treppensteigen.«

»Macht überhaupt nichts«, kontert der Arzt, »wir kämpfen meistens parterre!«

Graf Bobby wird einberufen.
»Wie wollen Sie denn Ihren Grundwehrdienst ableisten?«
»Natürlich als General.«
»Sind Sie wahnsinnig?«
»Wieso, ist das Bedingung?«

Oberst zum Kandidaten bei der Musterung: »Was ist mit Ihrem Auge?«
Kandidat: »Das ist ein künstliches Auge.«
Oberst: »Aus was ist denn so ein künstliches Auge?«
Kandidat: »Aus Glas, Herr Oberst.«
Oberst: »Ja logisch, muss man ja durchschauen können.«

»Ziehen Sie gefälligst auch die Hose aus«, knurrt der Stabsarzt den Rekruten an.
»Wozu, Herr Doktor, da unten bin ich voll tauglich!«

Bei der Musterung sagt Michael zum Stabsarzt:
»Ich bin stark kurzsichtig, also untauglich!«
»Wie wollen Sie das beweisen?«
»Sehen Sie den Nagel da drüben in der Wand?«
»Natürlich.«
»Ich leider nicht!«

»Warum musstest du eigentlich nie zum Bund?«
»Verstehe ich auch nicht, dabei habe ich bei jeder Musterung mit dem Stabsarzt um 1000 Euro gewettet, dass ich absolut tauglich bin.«

Eignungstest für die Bundeswehr. Der Unteroffizier befragt die Bewerber: »Welches Tierkreiszeichen?«
»Schütze!«

»Gut, dann zur Infanterie. Der Nächste! Welches Tierkreiszeichen?«
»Fische!«
»Gut, ab zur Marine.«
Der Nächste antwortet: »Jungfrau!«
»Sehr gut«, antwortet der Unteroffizier. »Ab ins Ministerium.
Da brauchen wir immer ein paar Unschuldige.«

Die Marine

»Warum hat denn Ihr Sohn die U-Boot-Einheit wieder verlassen?«
»Er konnte es sich nicht abgewöhnen, bei geöffnetem Fenster zu
schlafen!«

Wie versenkt man ein U-Boot? Klopfen. Irgendein Idiot wird schon
aufmachen!
Kommt der Maat zur Mannschaft:

»Leute, es gibt zwei Nachrichten: eine gute und eine schlechte. Die
gute ist: Ihr bekommt heute Mittag eine doppelte Portion Futter. Die
schlechte: Dann legt ihr euch aber tüchtig in die Riemen und rudert,
was das Zeug hält – der Kapitän möchte nach dem Mittagessen ein
bisschen Wasserski laufen.

Neulich auf hoher See von Funkstation an Funkstation. Es ist kalt,
stürmisch und dunkel.
Station 1 an Station 2: »Bitte ändern Sie Ihren Kurs um 15 Grad nach
Norden, um einen Zusammenstoß zu verhindern.«
Station 2: »Wir empfehlen, dass Sie Ihren Kurs 15 Grad nach Süden
ändern, um einen Zusammenstoß zu verhindern.«
Station 1: »Hier spricht der Kapitän eines US-Kriegsschiffes. Ich wie-
derhole: Ändern Sie Ihren Kurs!«
Station 2: »Nein, ich wiederhole: Sie ändern Ihren Kurs.«
Station 1: »Dies ist der Flugzeugträger USS Enterprise, wir sind ein
großes Kriegsschiff der US-Marine. Ändern Sie Ihren Kurs. Sofort!«

Station 2: »Nein, wir ändern unseren Kurs nicht – wir sind ein Leuchtturm!«

Vorgesetzte

Der Offizielle ist offizielle Zierde und muss als solche behandelt werden, auch wenn er sich ziert.

Gilt für Offiziere:
08/15 ... 0 Ahnung, 8 Stunden Dienst, A15 Besoldung

Der Unteroffizier zu den Rekruten: »Männer, ihr müsst dem Feind immer fest ins Auge sehen – Krause warum starren Sie mich so an?«

Beim Antreten:
»*Warum ist die Reihe so krumm?*«
»*Weil die Erde eine Kugel ist, Herr Hauptmann.*«
»*Wer hat das gesagt?*«
»*Galilei, Herr Hauptmann!*«
»*GALILEI, VORTRETEN!*«

Der Spieß zum wachhabenden Rekruten: »Müller, was tun Sie, wenn sich nachts eine männliche Person kriechend der Kaserne nähert?«
»*Ich bringe den Herrn Oberst diskret ins Bett ...*«

Der Spieß brüllt seine Männer an: »Rechts um!« *Er schaut nach rechts und brüllt wieder los:* »Das gilt auch für den Kleinen da, den mit der roten Mütze!«
»*Aber Chef, das ist ein Hydrant!*«
»*Na und, für Akademiker werden keine Ausnahmen gemacht!*«

Der Spieß brüllt den neuen Rekruten an: »Sie sollen behauptet haben, unser Kommandeur sei ein Idiot. Stimmt das?«
»*Ausgeschlossen, Herr Feldwebel*«, *entrüstet sich der Rekrut,* »ich gebe doch keine militärischen Geheimnisse preis!«

Uffz: »Der oberste Knopf vom Nässeschutz muss zu sein, dass steht so in der ZDv. Das ist ein Befehl!«
OG: »Befehle sind da, um sie zu brechen!«
Uffz: »Obergefreite auch!«

Der Feldwebel kommandiert die Rekruten: »Ganze Kompanie kehrt!«
Fragt Rekrut Löffelholz schüchtern: »Herr Feldwebel, wo sind denn die Besen?«

Ein Lkw der Bundeswehr bleibt im tiefen Morast stecken. Doch der Fahrer hat Glück, denn neben ihm hält ein Jeep mit vier Offizieren. Gemeinsam gelingt es ihnen, unter letzter Kraftaufbietung den Wagen freizubekommen.
»Ein schönes Stück Arbeit«, bemerkt einer der Offiziere, »was haben Sie denn geladen?«
»26 Rekruten.«

Ein Unteroffizier erklärt den Offiziersschülern. »Stellen Sie sich vor, n Panzer kommen bei uns an. Nein, n ist nicht genug, sagen wir mal, k Panzer…«

Ein Oberst wird im Offizierskasino gefragt: »Gestatten Herr Oberst eine Scherzfrage?«
Er antwortet etwas mürrisch: »Von mir aus, aber nichts Unanständiges, wenn ich bitten darf!«
Die Frage lautet: »Wo sind die Eier am wärmsten?«
»Und wo?«
»Die Antwort ist: in der Bratpfanne.«
Da lacht der Oberst kurz auf und fragt: »Sagen Sie, welcher Idiot setzt sich denn mit dem Arsch in die Pfanne?«

Es ist mal wieder Stubeninspektion angesagt und der Spieß macht seine Inspektion:
»Soldat! Können Sie mich noch sehen vor lauter Staub?«
Darauf der Soldat: »Nein. Aber ich erkenne Sie am Geruch!«

Fragt der Prüfer den angehenden Offizier:
»Meier, Frage ...
1. wie viele Kampfpiloten hat Belgien? ... und ...
2. für welches Land fliegen die beiden?«

Rekruten treten zum Küchendienst an.
»Schütze Hartmann, bei wie viel Grad kocht Wasser?«
»Bei 100 Grad, Herr Unteroffizier.«
»Falsch. Bei 90 Grad.«
Drei Tage später nimmt der Vorgesetzte den Soldaten beiseite: »Sie
hatten recht, Hartmann. Ich habe das mit dem rechten Winkel ver-
wechselt.«

Der neue Zahlmeister ruft am Monatsende die Rekruten zum Sold-
empfang nacheinander auf. Als er mit der ersten Seite fertig ist, ruft
er: »Übertrag.«
Keiner meldet sich.
Noch mal: »Übertrag.«
Wieder keine Antwort.
Sagt der Zahlmeister: »Komisch, ausgerechnet der, der das meiste
Geld bekommt, ist nicht da.«

Ein neu beförderter Oberst inspiziert das ihm eben übergebene
Regiment und die Kasernenräume. Als er vom Stabsarzt durch die
Revierkrankenstuben geleitet wird, sieht er einen Schwerverletzten:
»Äh, was fehlt dem Kerl?«
»Typhus, Herr Oberst.«
»Typhus? Äh, ja. Scheußliche Krankheit, selbst schon gehabt. Entwe-
der man krepiert oder wird blödsinnig ...«

Stehen zwei Offiziere zusammen und streiten darüber, ob Sex Spaß
oder Arbeit ist. Nach einiger Zeit kommt ein Oberfeldwebel vorbei und
wird von den beiden herangerufen. »Herr Oberfeldwebel! Wir streiten
gerade darüber, ob Sex Arbeit oder Spaß ist! Was meinen Sie?«
Der Oberfeldwebel überlegt eine kurze Zeit und sagt dann: »Meine
Herren, Sex kann nur Spaß sein! Wäre es Arbeit, müsste ich das ja
auch noch für Sie übernehmen ...«

Ausbilder von Marine, Heer, Pionieren und Luftwaffe treffen sich und
geben damit an, was sie für mutige Rekruten haben. Sagt der vom
Heer zu einem seiner Rekruten: »Sie rennen jetzt dort gegen die
Mauer, bis sie umfällt!« Der Rekrut sagt: »Jawohl, Herr Feldwebel!«,
und tut es. Er sieht hinterher auch entsprechend aus. »Sehen Sie,
DAS ist Mut!«, sagt der Feldwebel.
Sagt der von der Marine: »Sie nehmen ein Enterbeil, steigen auf die
Fahnenstange da und hacken sie unter sich ab.« Der Matrose sagt:
»Jawohl, Herr Bootsmann!« , und tut es. (Plumps) Na ja ... »Sehen
Sie, DAS ist Mut!«, sagt der Bootsmann.
Sagt der von den Pionieren: »Sie springen von dieser Brücke da in
den reißenden Fluss und holen vom Grund einen Felsbrocken mit
100 Kilo!«
Der Rekrut sagt: »Jawohl, Herr Feldwebel!«, und tut es. Versucht es
wenigstens. »Sehen Sie, DAS ist Mut!«, sagt der Feldwebel.
Sagt der von der Luftwaffe: »Sie haben ja keine Ahnung, was Mut
ist.« Zu seinem Rekruten: »Sie gehen jetzt in die Kantine und holen
mir eine Schachtel Zigaretten!«
Zeigt ihm der Rekrut den Stinkefinger und sagt: »Geh doch selber, du
Arschloch!«
»Sehen Sie, D A S ist Mut!«, sagt der Luftwaffenfeldwebel.

Der alternde General schaut im Bordell an sich runter:
»Stillgestanden! Das ist ein Befehl!«

»So, Rekruten« , erteilt der Oberst den Befehl, »ihr drei tarnt euch
jetzt einmal als Kühe und schlagt euch auf die nächste Weide durch,
verstanden?«
Einer hat noch eine Frage: »Alles klar, Herr Oberst, aber was sollen wir
machen, wenn der Bauer kommt und die Kühe melken will?«

Ein Gefreiter rettet einem General das Leben.
Darauf sagt der General zu dem Gefreiten: »Dafür, dass Sie mir das
Leben gerettet haben, befördere ich Sie auf der Stelle zum Leutnant!«
Der Gefreite überlegt und sagt dann: »Nein, lieber nicht!«
Der General schaut etwas verdutzt und sagt: »Also gut, ich befördere

Sie zum Oberleutnant!«
Darauf der Gefreite: »Nein, das will ich auch nicht!«
Der General wundert sich noch mehr und legt noch einen drauf: »Also gut, Gefreiter, mein letztes Angebot: Sie werden Hauptmann!«
Der Gefreite darauf: »Nein, das will ich auch nicht!«
Der General ganz entrüstet: »Ja, Mann, was wollen Sie denn dann?«
Der Gefreite mit einem Grinsen im Gesicht: »Ich wäre gern Feldwebel!«
Darauf der General: »Das geht nicht! Dafür müssen Sie einen Lehrgang machen und die Prüfung bestehen!«

Spieß zum Gefreiten: »Können Sie rechnen?«
Gefreiter: »Jawohl, Herr Oberfeldwebel!«
Spieß: »Dann rechnen Sie mal damit, dass Sie am Wochenende Wache haben.«

Bei einem großen Empfang im Hause des Generalkonsuls befindet sich unter den Gästen auch ein General in Galauniform. Auf seiner Brust prangen drei Reihen Orden. Plötzlich kommt das Dienstmädchen in den Salon und fragt: »Gnädigste haben geklingelt?«
»Nein«, *erwidert die Dame des Hauses,* »Herr General hat nur geniest!«

»Was?« *brüllt der Feldwebel den Soldaten an,* »Kreislaufbeschwerden haben Sie? Das macht gar nichts. Hier wird geradeaus marschiert!«

Regimentsbefehl: Die Soldaten werden aufgefordert, am Sonntag in die Kirche zu gehen.
Feldwebel: »Befehl, Sonntag Kirchgang, Durchzählen!«
Es sind 100.
Feldwebel: »Zum Kirchgang: 1 bis 50 evangelisch, 51 bis 100 katholisch, weggetreten.«
Schütze Schmittchen: »Gestatten, Herr Feldwebel, konfessionslos.«
Feldwebel: »Watt? Zweimal um den Kasernenhof, und dann melden Sie sich mit einem anständigen Glauben wieder!«

Eine kleine Fabel

Ein Hase, ein Fuchs und ein Bär müssen zum Militär. Allerdings hat keiner von den Dreien große Lust dazu. Sie überlegen sich, was Sie machen könnten, damit Sie nicht einrücken müssen.

Fuchs: »Ein Hase ohne Ohren muss nie und nimmer zum Militär!«

Der Bär schnappt den quietschenden Hasen und der Fuchs schneidet dem Hasen die Ohren ab. Der Hase geht in die Kaserne und kommt mit einem breiten Lächeln wieder heraus.

Hase: »Super! Ich bin untauglich. Aber was machen wir mit dem Fuchs?«

Bär: »Ein Fuchs ohne Schwanz kommt nie zum Militär.«

Der Bär schnappt den kreischenden Fuchs und der Hase schneidet ihm den Schwanz ab. Der Fuchs geht in die Kaserne und kommt mit einem breiten Lächeln wieder heraus.

Fuchs: »Super! Ich bin untauglich. Aber was machen wir mit dem Bären?«

Hase: »Wir schlagen ihm die Zähne aus. Ein Bär ohne Zähne kommt nie zum Militär.«

Der Fuchs und der Hase stürzen sich auf den sich heftig wehrenden Bären und schlagen ihm alle Zähne aus. Mit blutender Schnauze und schmerzverzerrtem Gesicht geht er in die Kaserne und kommt nach kurzer Zeit mit Tränen in den Augen wieder zurück.

Hase: »Hey, was ist denn los? Haben sie dich genommen?«

Bär: »Nein. Ich bin untauglich« schluchzt der Bär.

Fuchs: »Aber warum weinst du dann?«

Bär: »Zu groß und zu schwer.«

Sitzen zwei Vögel auf einer Überlandleitung.

Sagt der eine zum anderen: »Schau mal, da fliegt ein Düsenjet von der Bundeswehr.«

Der andere Vogel fragt daraufhin: »Warum kann der so schnell fliegen und ich nicht?«

Sagt der erste Vogel zu ihm: »Du könntest auch so schnell fliegen, wenn dein Arsch brennt.«

Die Familie

Die Mutter eines Wehrpflichtigen klagt: »Kaum sind unsere Söhne 18, schon werden sie eingezogen!«

Eine andere Mutter meint: »Kaum sind unsere Töchter 14, schon werden sie ausgezogen.«

+++

»Herr Leutnant, ich bitte um Sonderurlaub, meine Frau hat Zwillinge bekommen!«

»Tüchtig, tüchtig, und alle beide von Ihnen?« – »Weiß ich noch nicht, ich hatte damals nur einen Tag Urlaub!«

+++

Sitzen ein Leutnant und sein Gefreiter beim Friseur. Der Leutnant wird nach dem Haareschneiden gefragt: »Haarwasser, der Herr?«

»Nee, nee, lassen Sie das mal, wenn ich so dufte, denkt meine Frau, ich war im Puff.«

Sagt der Gefreite: »Mir können Sie ruhig Haarwasser drauf tun, meine Frau weiß nicht, wie es im Puff riecht …«

+++

Die Ehe und der Wehrdienst sind die zwei einzigen staatlich sanktionierten Formen von Freiheitsentzug ohne Gerichtsurteil!

+++

Also ich hab nix gegen Frauen in der Bundeswehr … es gibt ja auch Feldküchen!

+++

»Wieso ist das Gewehr die Braut des Rekruten?«, fragt der Kommandant.

Antwort: »Das Gewehr ist die Braut des Soldaten, weil es auch eingefettet und geputzt wird, weil man das Rohr tüchtig durchzieht und die Waffe nach Gebrauch zur Seite stellt.«

+++

Oberst: »Soldat! Was waren Sie, bevor Sie zum Bund kamen?«

Soldat: »Glücklich, Herr Oberst!«

+++

Wir heiraten, sobald mein Verlobter bei der Bundeswehr war. Dann hat er wenigstens gelernt zu gehorchen.

Tarnung ist das halbe Leben

Ein Soldat steht als Baum getarnt mitten auf einer Wiese. Am Abend kommt der Feldwebel bei ihm vorbei und brüllt: »He, Sie, Sie haben sich bewegt!«

Meint der Soldat: »Jetzt warten Sie mal. Als mir der Hund ans Bein pinkelte, habe ich mich nicht gerührt! Als mir das Liebespaar das Monogramm mit dem Herz herum in den Hintern schnitzte, hab ich mich nicht gerührt. Aber als die zwei Eichhörnchen gekommen sind, in mein Hosenbein geklettert sind und das eine zum anderen sagte: »Die zwei Kastanien essen wir gleich und den Tannenzapfen nehmen wir mit nach Hause, da konnte ich beim besten Willen nicht mehr stillhalten …«

Im Manöver ist eine Brücke gesperrt. Sie trägt ein Schild mit der Aufschrift: »Gesprengt!«

Der General sieht völlig fassungslos, wie eine ganze Kompanie gemütlich über die Brücke schlendert. Der letzte Soldat hat ein Schild auf dem Rücken. Der General reißt den Feldstecher hoch und liest: »Wir schwimmen!«

Clever

Das letzte Ultimatum des Schützen Bornback: »Herr Hauptmann, entweder ich bekomme endlich mehr Sold – oder ich kaufe mir eine Kanone und mache mich selbstständig!«

+++

Nachtübung. Die Soldaten marschieren.
»In welche Richtung bewegen wir uns, Müller?«, bellt der Spieß.
»Süden.«
»Wieso Süden?«
»Ich fange an zu schwitzen!«

+++

Zapfenstreich. In einer Nebenstraße der Kaserne erwischt um 22.00 Uhr ein Wachtmeister einen Gefreiten und zückt sein Notizbuch.
»Na, wen haben wir denn da? – Ihr Name?«
»Fritz Müller.«
»Nee, nee. Mit mir nicht. Aber janz fix Ihren Namen!«
»Fritz Müller, Herr Wachtmeister.«
»Passen Se mal auf. Wenn Se mir verkackeiern wollen, dann jeht det janz böse für Sie aus. – Also!??«
»Gotthold Ephraim Lessing, Herr Wachtmeister.«
»Na seh'n Se, warum nich gleich so!«

»Mann«, schreit der Spieß den Rekruten an, »Sie haben ja eine Nase wie der schiefe Turm von Pisa. Wo stammen Sie her?«
»Aus Baden-Baden.«
»Donnerwetter, stottern tut der Kerl auch noch!«

+++

Ein Pionier liegt verwundet auf dem Boden und sieht, dass ein Sanitätstrupp anrückt.
Was macht er? –
Er stellt sich tot, denn noch schlimmer kann es nicht kommen.

+++

Ein Microsoft-Programmierer wird zur Stärkung seiner doch recht kümmerlichen körperlichen Verfassung in eine Armeeausbildung geschickt. Dort geht alles gut voran bis auf die Schießübungen. Der Programmierer lädt, entsichert, setzt an, zielt, drückt ab. Gute hundert Meter von der Zielscheibenmitte entfernt schlägt eine Kugel ein. Der Ausbilder lächelt und sagt: »Probieren Sie es noch mal...«
Der Microsoft-Angestellte will es aber genau wissen und schießt vor sich in den Boden. »Komisch, das Ding funktioniert ja, alles in Ordnung hier. Das Problem muss bei der Zielscheibe liegen, Sir!«

+++

Ein alter Luftwaffensoldat stirbt und kommt – natürlich – in die Hölle. Da unten ist ein Einweisungsteufel, der sagt ihm: »Wir haben für den Bund hier drei Höllen. Eine für das Heer, eine für die Marine und eine für die Luftwaffe. Wo wollen Sie hin?«
»Oh, ähm... In der Luftwaffe bin ich so lange gewesen, also probier ich mal die Heereshölle.«
Okay, da kommt er hin.
Dort hocken sie alle im Kreis und sind total fix und fertig. »Was ist denn los, warum seid ihr so fertig?«, fragt er. »Ach was! Morgen werden wir ans Kreuz genagelt, mit Stacheldraht umwickelt, mit Benzin übergossen und angezündet!«

»Nee, nee«, denkt er sich und lässt sich von dem Teufel in die Marinehölle bringen.
Dort hocken sie alle im Kreis und sind total fix und fertig. »Was ist denn los, warum seid ihr so fertig?«, fragt er. »Ach was! Morgen werden wir ans Kreuz genagelt, mit Stacheldraht umwickelt, mit Benzin übergossen und angezündet!«
»Nee, nee«, denkt er sich und lässt sich von dem Teufel doch in die Luftwaffenhölle bringen.
Dort hocken sie alle im Kreis und sind fröhlich, johlen und singen. Kurz: Beste Laune...
»Was ist denn los, warum seid ihr so fröhlich?«, fragt er. »Ach was! Morgen werden wir ans Kreuz genagelt, mit Stacheldraht umwickelt, mit Benzin übergossen und angezündet!«
»Ja, und?«, fragt er. »Die anderen sind doch alle total fertig und ihr lacht?«
»Ach, du kennst doch die Luftwaffe«, meint einer, »kein Holz, keine Nägel, kein Stacheldraht und kein Benzin...«

+++

Ein Schwuler im Handgranatenwurfstand bei der Bundeswehr. Der Ausbilder führt vor und erklärt: »Zuerst den Ring herausziehen und dann gaaanz weit wegwerfen.«
Der Schwule zupft das Ringlein heraus, schimpft: »Du böser, böser Feind!«, und schubst die Handgranate mit angewinkeltem Handgelenk einen halben Meter vor sich auf den Boden.
Der Ausbilder sieht das und führt ihm das Ganze noch einmal richtig vor. Als der zweite Versuch auch nicht erfolgreicher verläuft, schnauzt er den Schwulen an: »Ich gebe Ihnen jetzt noch eine letzte Chance, wenn's wieder nicht klappt, dann schieb ich Ihnen die Handgranate bis zum Anschlag den Arsch hoch!«
Daraufhin wiederholt der Schwule den Wurf noch einmal, jedoch mit gleichem Ergebnis, und meint: »So, und jetzt will ich meine Belohnung.«

Ausreden

Drei Rekruten sitzen zusammen und haben über den »Zapfen gewichst«: sprich, den Zapfenstreich verpasst. Plötzlich sagt der eine: »Was sagen wir bloß morgen dem Spieß, falls einer von uns erwischt werden sollte?« Sie beraten und grübeln Stunden um Stunden. Die Köpfe rauchen.

Plötzlich lallt der eine: »Mensch, wir sssajen ei-einfach, ha-haben pü-pünktlich ffferdekusche jemmietet, ffferd un-unnerwechs jeschorben, mu-musste sssufuß jehen!«

Aber wie es das Unglück will, stehen sie alle drei plötzlich vor dem Spieß.

»Müller! Wo waren Sie gestern Abend?«

Müller reißt die Hacken zusammen, Hand zum Gruß an die Schläfe: »HAUPTFELD, pünktlich Pferdekutsche gemietet, Pferd unterwegs gestorben, musste zu Fuß gehen!«

»Na ja«, meint der Spieß, »kann ja mal vorkommen. Meier, wo waren Sie gestern Abend?«

Meier reißt die Hacken zusammen, Hand zum Gruß an die Schläfe: »HAUPTFELD, pünktlich Pferdekutsche gemietet, Pferd unterwegs gestorben, musste zu Fuß gehen!«

Da bekommt der Spieß einen roten Kopf und brüllt: »Lehmann, wenn Sie auch noch sagen: ›pünktlich Pferdekutsche gemietet, Pferd unterwegs gestorben, musste zu Fuß gehen‹, kommt ihr alle drei in den Bau!«

»Nein, Hauptfeld, Taxi gemietet.«

»Na und, Sie Idiot! Warum sind Sie zu spät gekommen?«

»Herr Hauptfeld, lagen unterwegs so viele tote Pferde auf der Straße, war nicht durchzukommen...«

Ein Luftwaffenoffizier macht abfällige Bemerkungen über das Heer. Kommt ein Offizier vom Heer und fragt: »Haben Sie was gegen Bodentruppen?«

Luftwaffenoffizier: »Ja, Napalm.«

Der Neue war der Wachabteilung zugeteilt worden. Als er erstmals auf Posten zog, zeigte sein Kamerad auf ein kleines rotes Licht in der Nähe und instruierte ihn:

»Du gehst zu diesem Licht dort und kehrst dann wieder um. Verstanden?«

»Okay.«

Weg war er und tauchte erst drei Tage später wieder auf.

»Wo warst du so lange?«

Der Neue atmete tief durch: »Mensch, das kleine rote Licht war das Rücklicht eines Lastwagens, der nach München gefahren ist.«

Stubenkontrolle:

»Wer hat denn auf dem Tisch gestanden?«

»Keiner, Herr Unteroffizier!«

»Dann hat ja wohl auch keiner die Deckenlampe sauber gemacht!«

Ein außergewöhnlich kleiner Mann kommt zur Bundeswehr. Nach dem vergeblichen Versuch, eine passende Uniform zu finden, schleicht er über den Kasernenhof: Jackenärmel und Hosenbeine sind dreimal umgekrempelt, und der Stahlhelm sitzt auf der Nase. Kommt ihm ein Offizier entgegen: »Sagen Sie mal, Mann, wie sehen Sie denn aus?«

Da schiebt sich der kleine Mann mit herausfordernder Gebärde den Helm aus dem Gesicht, schaut den Offizier böse an und sagt: »Sagen Sie mal, was wollen Sie denn? Braucht ihr 'nen Killer oder 'nen Dressman?«

Bundeswehr, Morgenappell:

»Schütze Meier, Ihre Haare hätten aber schon vor längerer Zeit geschnitten werden müssen!«

»Meine Haare sind vor längerer Zeit geschnitten worden, Herr Hauptfeldwebel!!!«

Auf einer Übung (Waffe ständig am Mann) begegnet beim Essenfassen ein Oberfeld einem OG ohne Waffe.

»OG!!! Wo haben Sie Ihre Waffe?«

»Hab ich vergessen.«

»SIND SIE WAHNSINNIG?!«

»Nein … vergesslich.«

Feuerwehr, THW und eine Bundeswehrpionier-Kompanie veranstalten einen Wettkampf unter dem Motto: »Wer kann an einem Tag die meisten Telegrafenmasten setzen?«

Der Wettkampf beginnt schon frühmorgens. Am Ende des Wettkampftages zählt die Jury:

THW: zehn Telegrafenmasten

Feuerwehr: elf Telegrafenmasten

Bundeswehr: ein Telegrafenmast

Der Vorsitzende der Jury ist verwirrt. »Wie konnte denn das passieren?«, fragt er den Leiter des Bundeswehrteams. »Das THW setzt zehn Telegrafenmasten, die Feuerwehr sogar elf und ihr nur einen?«

»Ja, ja« , sagt der Kompanieführer der Pioniere, »aber die von den anderen schauen alle noch zehn Meter aus der Erde heraus …«

Motto

Schlachtruf der Pioniere: »Was wir nicht überwinden können, saufen wir aus!«

Fahren Sie defensiv – kaufen Sie sich einen Panzer!

Q: »Was is der Unterschied zwischen einem Kamel und einem Pionier?«
A: »Ein Kamel kann sieben Tage arbeiten, ohne zu saufen. Beim Pionier ist es umgekehrt …«

Weisheiten

Alle Soldaten riechen nach Wasser.
... die vom Heer nach Grundwasser.
... die von der Marine nach Seewasser.
... und die von der Luftwaffe nach Rasierwasser.

+++

Was heißt SOLDAT?
Soll Ohne Langes Denken Alles Tun.

+++

Gott schuf Mensch und Tier,
doch keinen Unteroffizier.
Diese Art von Affen
hat die Bundeswehr erschaffen.

+++

»Eine Gewehrkugel durchschlägt sogar dickes Holz«, belehrt der
Unteroffizier die Rekruten. »Also Vorsicht, Leute – immer schön den Kopf
weg ...«

+++

»Macht der BUND selbstständig?«
»Keine Ahnung, mal den Spieß fragen.«
»Macht der BUND gleichgültig?«
»Is mir doch egal!«
»Macht der BUND gewalttätig?«
»Willst du eine aufs Maul, Mann?«

Was ist die geringste messbare Geschwindigkeit?
1 StOV

+++

Der Unterschied zwischen dem Militär und dem Eiffelturm?
Beim Eiffelturm sind die größten Nieten unten.

+++

Warum haben Pioniere beim Bund die interne Bezeichnung BTW5?
Antwort: Blind, taub, wasserdicht und aufblasbar bis 5 atü ...

+++

Rekrut: Früher hab ich gedacht, Gebirgsjäger sind Leute, die im Gebirge
jagen. Jetzt weiß ich: Gebirgsjäger sind Leute, die ins Gebirge gejagt
werden.

+++

Aufkleber an einem Panzer: »Hubraum statt Spoiler!«

+++

Wer freiwillig in Feindeshand gerät, ist ein feiges Schwein.
Wer unfreiwillig in Feindeshand gerät, ist ein dummes Schwein.
Wer selten in Feindeshand gerät, ist ein Sparschwein.
Wer nie in Feindeshand gerät, ist ein Glücksschwein.
Wer immer in Feindeshand gerät, ist ein Wildschwein.

+++

Spieß: »Wer kann mir sagen, was das ›Y‹ im Kennzeichen der Bundes-
wehr-Fahrzeuge bedeutet?«
Ein Rekrut: »Das Ende von GermanY, Herr Unteroffizier.«

Genial

»Peng!« So macht ein Soldat im Manöver, der wegen der miesen finanziellen Situation beim Bund den Gewehrschuss simulieren muss.

»Ratatatatata!« So macht ein Soldat im Manöver, der wegen der miesen finanziellen Situation beim Bund MG-Feuerstöße simulieren muss.

»Bumm!« So macht ein Soldat im Manöver, der wegen der miesen finanziellen Situation beim Bund den Panzerfaust-Schuss simulieren muss.

»Grööhhh!« So macht ein Zivilist, der zufällig dieses Trauerspiel erleben darf.

WECKSPRÜCHE

Ja, es gibt sie noch, vor allem aber in der Marine.
Von alters her wurden in der deutschen Marine die Mannschaften mit Sprüchen erst »gelockt« und dann geweckt.
Das Locken ist eine Art des langsamen Wachmachens, in etwa so wie die Schlummerfunktion im Wecker. Wer auch immer mit dem Wecken beauftragt ist, geht durch die Gänge oder bedient die Lautsprecheranlage. Dabei gibt er zunächst leise, dann immer lauter werdende, »lockende« Pfiffe mit der Bootsmannsmaatenpfeife ab, die dann in dem allgemeinen Weckpfiff ihren Höhepunkt finden. Das zieht sich über fünf Minuten hin und wird von Wecksprüchen begleitet, die zugegebenermaßen nichts für Zartbesaitete sind ...

Locken

Eine Hand am Sack, eine Hand am Socken, Seemann bleib liegen, das war erst das Locken!

Wecken

Ein jeder weckt den Nebenmann, der Letzte stößt sich selber an.

Lüft an das Gatchen, lupft an das Bein, ein jeder will der Erste sein.

Arschloch hoch Amerika, der Bäcker von Laboe ist da.

Der Adler in die Lüfte steigt, dem Volke seine Eier zeigt.

Der Gynäkologe sitzt und lauscht, wie der Urin vorüberrauscht.

Den Puma fängt man mit 'ner Falle, der Puff ist keine Lesehalle.

Die Gartenbank, so klein und schmal, dem Geilen ist das ganz egal.

Die Hure ist kein schlechtes Mädel, sie spielt dem Seemann an dem Dödel.

Das Schiff durch das Weltmeer segelt, es quietscht, wenn man im Wasser vögelt.

Der Fähnrich sprach zu seiner Rose, heb hoch das Hemd, lass weg die Hose.

Seemann, prüf dein Sackgewicht, an Backbord kommt Laboe in Sicht.

Der Falter in der Sonne gaukelt, die Filzlaus auf dem Sackhaar schaukelt.

Schiffe kann ein jeder bau'n, was nicht passt, wird hingehau'n.

Auf jedem Schiff, das dampft und segelt, ist einer, der die Putzfrau vögelt. Und ist das Schiff auch noch so klein, die Putzfrau will gevögelt sein.

Seemann, leg die Riemen klar, die Waschfrau von Laboe ist da.

Die Palme steht im Libanon, dort Nero onanierte schon.

Wir kommen von Bord, sind die Lords der See, wir saufen nur Rum und bumsen wie eh und je.

Der Moses auf dem Achterdeck, der fegt den kalten Bauern weg.

Senkt die Rohre, hebt die Leiber, die Pier steht voller nackter Weiber. Bleibt liegen, der Maat hat gelogen, die Weiber sind alle angezogen.

Seemann, leg die Socken klar, die Waschfrau zeigt von achtern klar.

Dareios war ein Perserkönig, beim dritten Mal, da kommt sehr wenig.

Schakale durch die Wüste zieh'n, der Tripper färbt das Hemde grün.

Der Gänserich, der ärgert sich, im kalten Wasser steht er nicht.

Ein neues Spiel, ein neues Glück, die Vorhaut will nicht mehr zurück.

Der Dachs im tiefsten Walde haust, der Dünnschiss durch die Kimme rauscht.

Im Zoo man heut die Tiere mustert, die Jungfrau wird ins Loch geplustert.

Enten watscheln durch den Lehm, ein voller Sack ist unbequem.

Auf jedem Schiff, das schwimmt und schwabbelt, ist einer drauf, der dämlich sabbelt.

Ich wache auf mit schweren Dödel, neben mir ein fremdes Mädel. Im Laken riecht es sauer, an der Wand ein kalter Bauer. Tief im Herzen Trippersorgen, so beginnt der Montagmorgen.

Hart wie der Zahn der Bisamratte ist des Matrosen Morgenlatte.

Der Seemann auf der Koje pennt, die Filzlaus längs der Sacknaht rennt.

Der Hund wird auf der Straß' begattet, dem Menschen ist das nicht gestattet.

Durch die Lüfte zieht ein Pfeil, Viagra macht den Opa geil.

Jeden Morgen frisch und munter, geht die Vorhaut rauf und runter.

Vögeln ist des Seemanns Wonne, doch vögeln tut er keine Nonne.

Wer rennt so spät durch Nacht und Wind?
Es ist der 76er mit seinem Spind,
er hat die Koje noch unterm Arm,
war wohl wieder Nachtalarm.

Von Nutten geliebt, von Jungfrauen gehasst,
das Geld in Bordellen und Kneipen verprasst,
von innen versoffen, von außen auf Draht:
das ist der deutsche Marinesoldat.

Einst war ich ein Engel, unschuldig und rein, dann kam ich zur Marine
und wurde ein Schwein. Wir saufen und bürsten, wir leben wie die
Fürsten.

Kennst du das Land,
wo die Sonne nie lacht,
wo aus Menschen werden Soldaten gemacht,
wo man zum nächsten Bahnhof zwölf Kilometer läuft,
wo man das Bier literweise aus Stiefeln säuft,
wo man nicht kennt Moral noch Tugend?
Das ist (Schwanewede), das Grab meiner Jugend!

Im Frühtau zu Felde wir ziehn, fallera.
Im Bett will ich keinen mehr sehn, fallera.
Und sollte einer denken, er könnt sich das schenken,
der kann so lange üben, bis die Hähne krähn.
(reply)

Abends

Ruhe im Schiff, Licht aus. Alle Geister auf Station, Klabautermann von Bord!!!

---

*Guten Abend, gute Nacht
und das Licht ausgemacht
und im Bettchen ist es warm,
vielleicht kommt ja noch Alarm
Morgen früh, wenn ich will,
liegt ihr wieder im Dreck.
Morgen früh, wenn ich will,
liegt ihr wiehihider im Dreck.*

VORSCHRIFTEN!!!

 *Eine Vorschrift ist eine Anweisung, die man befolgen muss! Ohne Ausnahme! Und dies gilt einmal mehr bei der Bundeswehr, denn es befreit einen davon, selbst denken zu müssen. Wunderbar! Die berühmte Zentrale Dienstvorschrift (ZDv) ist die Bibel aller Vorschriften. Hier eine kleine Auswahl, was einem dort alles begegnen kann (oder zumindest könnte ...):*

Aus der Zentralen Dienstvorschrift 10/5 »Leben im Felde«

Bei Eintritt der Dunkelheit ist mit nachlassender Sicht zu rechnen.

+++

Ab einem Wasserstand von 1,20 Metern beginnt der Soldat selbstständig mit Schwimmbewegungen. Die Grußpflicht entfällt hierbei.

+++

Bei Erreichen der Baumspitze hat der Soldat die Kletterbewegung selbstständig einzustellen.

+++

Liegt der Kopf mehr als 20 Zentimeter vom Rumpf entfernt, ist der Tod festzustellen.

+++

Bei Schnee und Frost ist mit auftretender Kälte
zu rechnen.

+++

Nach dem Einsatz von Atomsprengkörpern kann
das Gelände sehr stark verändert sein. Das
Zurechtfinden wird dadurch erschwert.

+++

Den Feuerkampf gewinnt, wer schneller schießt und
besser trifft.

+++

Ein toter Soldat hat viel von seiner
Gefährlichkeit verloren.

+++

Bei auftretendem Feind ist mit vermehrtem
Geschossflug zu rechnen. Gehen Sie frühzeitig in
Deckung.

+++

Berge und Hügel unterscheiden sich von ihrer
Umgebung, vorrangig durch ihre Höhe.

+++

Dem Soldat ist es verboten, Schnee zu formen und
zu beschleunigen.

+++

Der Kampfstand darf maximal 1,80 Meter tief sein,
da ab 2,50 Meter Bodentiefe mit dem Auftreten von
Pionieren zu rechnen ist!

+++

Beim Erreichen des Gipfels sind die Gehbewegungen selbstständig einzustellen.

+++

Je schwerer einem ein Baumstamm vorkommt, desto größer ist auch sein Gewicht.

+++

Der Tod eines Soldaten kennzeichnet den höchsten Grad der Dienstunfähigkeit.

+++

In den Sommermonaten ist ab 21.00 Uhr, in den Wintermonaten ab 16.00 Uhr mit zunehmender Dunkelheit während der Wachgänge zu rechnen. Schalten Sie rechtzeitig bei Erkennen dieser Lage die Kasernenbeleuchtung ein.

Aus der Anzugsordnung der Bundeswehr

Bei Nachttemperaturen von über 27 Grad in der Stube sind die Ärmel des Schlafanzuges vier Mal aufzukrempeln.

Aus der Bedienungsanleitung eines »Wolfs«

Unangepasste Fahrweise im Gelände kann einen längeren Fußmarsch zur Folge haben.

+++

Die Felge dient zur Aufnahme der Bereifung.

Aus einer TDV (Technisch Dienstvorschrift) für Funkgeräte

Zerstörung:

Die Zerstörung kann erfolgen durch/mit:
- Beschuss oder Sprengung
- mechanische Mittel (Hammer, Beil, Spitzhacke)
- Feuer (übergießen mit Kraftstoff und anzünden)
- Wasser (versenken an tiefen Stellen)
oder sonstige für eine Zerstörung geeignete Mittel.

Die ZDv 2010

Im Ernstfall Stahlmütze über beide Ohren ziehen
und den Ernstfall aussitzen.

+++

Die Waffe ist dazu da, verschrottet zu werden.
Der Soldat wird verheizt.

+++

Vorgesetzte sind unter allen Umständen zu grüßen,
egal von wem.

+++

Wer nach dem Wecken liegen bleibt, hat mehr Spaß
am Spieß.

+++

Wer den Zapfen wichst, erfreut seinen Spieß.

+++

Der Spieß ist mehrmals täglich zu befriedigen.

+++

Wer sein Rohr sauber hält, kann besser schießen.

+++

Im Ernstfall kann das Siegen befohlen werden.

+++

Tapferkeit ist der Oberen Pflicht.

+++

Beim Tarnen im Felde ist das Geräusch einer
wachsenden Rübe nachzuahmen.

+++

Beim Tarnen im Walde sind die Nüsse bedeckt zu
halten.

+++

Der Offizielle ist offizielle Zierde und muss als
solche behandelt werden, auch wenn er sich ziert.

+++

Im Manöver wird geprobt, wohin man sich im
Ernstfall am besten verpisst.

+++

Wer im Manöver Patronen verpulvert, muss sich
sicher sein, dass er genug Platz hat.

+++

Der Soldat hat sich so zu verhalten, dass er
nicht gesehen, nicht gehört und auch nicht
gerochen werden kann.

Aus dem Panzerhandbuch

Man unterscheidet zwischen rechter und linker
Seite des Panzers.

+++

Die hydraulischen Verbindungen stellen die hyd-
raulischen Verbindungen her.

Zentrale Dienstvorschrift WC/00-0815 Anweisung für die Benutzung von Toiletten

Allgemeines:

Die Toilette besteht aus einem trichterförmigen
Porzellanbecken mit birnenförmiger, schräg nach un-
ten geneigter Sitzaufnahme der Exkremente. Auf dem
Sitzrand ist ein Sitzstück angebracht und mit zwei
Halteschrauben befestigt. Die mechanische Spülung
ist an der Wand gut sichtbar angebracht und durch
Rohrleitungen mit dem eigentlichen Sitzbecken ver-
bunden. Sie wird mit dem Drücker und der Druckfeder
bei Benutzung eingerastet. Das Zubehör besteht aus
der Reinigungsbürste inklusive Halter und Tropfen-
fänger und dem Rollenhalter.

Gebrauchsanweisung:

Die Toilette wird sitzend benutzt. Der Soldat setzt
sich unter gleichzeitigem Anheben der hinteren Be-
kleidungsstücke so tief in die Hocke, bis das Ge-
säß in der Sitzaufnahme einrastet. Das Gewicht ist

gleichmäßig, gleichseitig verteilt, die obere Körperhälfte leicht nach vorne geneigt. Die Ellenbogen ruhen auf dem Muskelfleisch der Oberschenkel, der Blick ist frei geradeaus gerichtet. Unter ruhigem Ein- und Ausatmen drängt der Soldat, unter gleichmäßigem Anspannen der Bauchmuskulatur, den Darminhalt in den dafür bestimmten Durchbruch des Porzellanbeckens. Falls sich die Spülung durch äußere Einflüsse löst, steht der Soldat auf, richtet sich nach den Fliesen aus und verharrt.

Nach beendeter Prozedur macht der Soldat eine Wendung nach halb links unter gleichzeitigem Anheben der rechten Gesäßhälfte, erfasst das Reinigungsfähnchen (circa 10 x 15 Zentimeter) mit Daumen und Zeigefinger der rechten Hand, wobei der Mittelfinger als Stütze dient, und führt sie durch die vom Muskelfleisch gebildete Kerbe. Linkshänder führen sämtliche Tätigkeiten mit der linken Hand aus, damit Verletzungen vermieden werden. Entsprechend seitenverkehrt ist zu verfahren, sollte sich der Rollenhalter rechts des Porzellanbeckens befinden. Es ist dem Soldaten freigestellt, das Reinigungspapier von oben nach unten oder umgekehrt zu führen. Die Reinigung ist so oft zu wiederholen, bis fünf Blätter sauber erscheinen.

Nach dem Reinigen richtet sich der Soldat auf, steht einen Moment still und entspannt. Dann beginnt er mit dem Ordnen der Kleidung. Anschließend macht er eine Drehung um 180 Grad nach links bei Anhebung des rechten Fußes (Drehung auf beiden Füßen verboten – Unfallgefahr!) und betätigt die Spülung. Eine Reinigung erfolgt, wenn nötig, durch den Soldaten. Das Porzellanbecken ist ohne jegliche Verschmutzung zu hinterlassen. Während des Aufenthaltes auf der Toilette ist es dem Soldaten verboten, ohne besondere Genehmigung zu essen, zu trinken, zu rauchen, sich hinzulegen oder Geschenke anzunehmen.

Die vorstehenden Anweisungen sind als schriftlicher Befehl zu verstehen.

BESTELLUNGEN

So gut wie alles kann beim Otto-Versand der Bundeswehr bestellt werden. Ob Computer, Stempel oder Schrauben – alles ist dort zu finden, man muss nur wissen, wie die Bundeswehr den Gegenstand intern nennt. Und das ist alles vollkommen einleuchtend! Oder was soll »FALLE, KLAPP, KLEIN, FUER KLEINTIER, NAGER, GRAU« sonst sein außer einer Mausefalle?

Das ist wie ein Kreuzworträtsel. Anderes Wort für Glühlampe?

LAMPE, GLÜH, ELEKTRISCH, 12 V

Exakt. Viel genauer als die zivile Beschreibung Glühlampe, aus der nicht hervorgeht, wie viel Volt die Lampe hat.

Ein normaler Autoblinker wird zu: BIRNE, GLÜH, für BLINKER ORANGE.

Ein Blinker könnte ja auch ein Angelutensil sein ... so viel wieder zur Ungenauigkeit ziviler Begriffe.

Der Volksmund sagt dazu Leuchtröhre, der Bundeswehr ist das viel zu profan, sie nennt das Teil: RÖHRE, LEUCHT, für ZIMMER HELL.

> *Eben, »für Zimmer hell«. Damit ist ganz klar gemeint, dass die »Röhre, leucht« auch funktionieren muss.*

Und was könnte ein GLIEDERKETTENVERSCHLUSS, INEINANDERGREIFEND sein? Ein Reißverschluss, wie der Otto Normalverbraucher dazu sagen würde.

> *Exakte Beschreibung. Wir reißen nämlich an gar nichts, wir schließen sauber und kontrolliert.*

Ein Knäuel ist Eine KUGELFÖRMIGE AUFGEROLLTE MENGE VON MATERIAL, wie z. B. Schnur oder Garn.

> *Knäuel, was für ein weibischer Begriff. Wir sind hier nicht in einem Strickkreis, sondern beim Bund!*

Ein Beutel oder doch ein FLEXIBLES BEHÄLTNIS UNTERSCHIEDLICHER GRÖSSE UND FORM, DAS AUS MATERIALIEN WIE PAPIER, KUNSTSTOFF ODER GEWEBE HERGESTELLT IST, SCHLIESST EIN SACK UND TASCHE?

Wir reden hier ja schließlich nicht über ein Beuteltier.

Was ist ein BUCHÄHNLICHES PAKET GEHEFTETER BLÄTTER, NORMALER-WEISE ZWISCHEN ZWEI SCHUTZDECKELN? Das Buchähnliche hätte man sich sparen können und gleich einfach nur »Buch« sagen können.

Nein, das hätte man nicht sagen können. Es ist ja kein Kochbuch oder Kinderliederbuch.

Eine Flasche oder Ein BEHÄLTER MIT VERSCHLUSS AUS GLAS; KUNSTSTOFF ODER STEINGUT, IN VERSCHIEDENEN GRÖSSEN, FORM UND ENDBEARBEITUNG.

Eine Flasche, hier geht es aber um ein Behältnis. Das ist viel umfassender als nur eine profane Flasche.

Ein STARRER, DREIDIMENSIONALER BEHÄLTER MIT NICHT FESTGELEGTER ABMESSUNG UND AUS UNTERSCHIEDLICHEM MATERIAL: Das soll eine Schachtel sein.

Die Beschreibung als dreidimensionaler Behälter ist sehr wichtig, denn sonst könnte es sich ja auch um eine alte Schachtel handeln ...

Umständlicher kann man einen Krug nicht beschreiben: EIN STARRES BEHÄLTNIS MIT EINER WEITEN ÖFFNUNG UND OFT OHNE HALS, DAS ÜBLICHERWEISE AUS TON ODER GLAS HERGESTELLT IST.

Wieso? Ist doch voll logisch!

Die Umschreibungen sind Weltklasse. Eine Portion oder DIE MENGE AN NAHRUNG, DIE EINE PERSON NORMALERWEISE AUF EINMAL ZU SICH NIMMT.

Wir reden hier ja nicht von einer halben Portion. Sondern der exakten Menge an Nahrung, die ein Rekrut braucht, um sein Vaterland zu verteidigen.

EINE ANZAHL AUFEINANDERGESCHICHTETER, AN EINER SEITE MITEIN-ANDER VERBUNDENER BLÄTTER PAPIER. Das soll ein Schreibblock sein.

Wir sind hier nicht in der Schule, wo auf Schreibblöcken geschrieben wird. Sondern bei uns hier sind das wichtigste Meldungen, und diese werden auf aufein-andergeschichtetem Papier verfasst.

Der dazu passende Stift wird folgendermaßen beschrieben: LANGE, SCHLANKE, HÄUFIG ZYLINDRISCHE FORM FÜR DIE HANDGERECHTE ANWENDUNG VON VERBRAUCHSMATERIAL, WIE Z. B. MARKIERUNGSSTIFTE.

*Wir spielen hier schließlich nicht Tee-
kesselchen! »Stift« ist viel zu ungenau,
denn das Wort hat unzählige Bedeutungen:
es kann eine Kirche sein, ein Stift eines
Schuhbands, ein metallener Stift aus dem
Maschinenbau oder sogar ein Nagel.*

Und unter EIN MASSIVES STÜCK ODER EIN BLOCK AUS VERSCHIEDENEN
MATERIALIEN, DESSEN LÄNGE EIN VIELFACHES VON BREITE UND HÖHE IST,
ist eine Stange zu verstehen.

*Eine Stange könnte auch eine Stange
Zigaretten sein oder eine Stange
Weißbrot ...*

Ein Fass ist EIN ZYLINDRISCHER BEHÄLTER AUS METALL, KUNSTSTOFF
ODER HOLZ MIT EBENEN BÖDEN GLEICHEN DURCHMESSERS UND IN DER
REGEL BAUCHIGER WANDUNG.

*Ja, das Fass, damit ist hier kein
übergewichtiger Rekrut gemeint, sondern
eben ein zylindrischer Behälter.*

Und was ist ein UMDRUCK?
»Umdruck« ist das Bundeswehrwort für Fotokopie.

*Das ist ja kein Foto, das von dem
Papierstück gemacht wird, sondern es
wird vom Original auf ein neues Stück
Papier gedruckt.*

Und die einfache Schubkarre? DREISEITENKIPPER, EINACHSIG.

Wir machen hier kein Schubkarrenrennen auf zwei Armen, sondern das hier ist ein Arbeitsgerät.

Und zum Schluss, der ÜBERZIEHER, GUMMI! Das Kondom.

Was macht man mit einem Kondom im Optimalfall? Genau: überziehen.

Und was steht auf den Kartoffelsäcken in der Kantine?
KARTOFFELN, EINFACH, FÜR BUNDESWEHR UND SCHWEINEMAST!
Allerdings liegt dies nicht an der schlechten Qualität der Kartoffeln. Die Bundeswehr kauft lediglich Kartoffeln, die bzgl. der Größenabweichung nicht den Standards entsprechen, also zu große und zu kleine zusammen, sodass es für die Kartoffelverkäufer Probleme beim Verkaufen geben würde. Den Schweinen ist die Größe relativ egal, der Bund lässt sie halt verarbeiten.

Einem guten Soldaten ist die Größe seiner Kartoffeln egal, denn er ist damit beschäftigt, das Vaterland zu verteidigen!

MÖGLICHER DIENSTPLAN

DIENSTPLAN:

02.30	Wecken
02.35	Körperpflege, Bettenbau, Verpacken, Raustreten
02.36	Parole
02.40	70 km Marsch zum Truppenübungsplatz
05.00	Frühstück
05.05	Gefechtsausbildung (Vergraben des Lkw 5 t)
08.00	Sportausbildung (5000 m gleiten)
09.05	Überleben im Gelände (Stationsausbildung)
	1. Erlegen von Borstenvieh (mit Taschenmesser)
	2. Zelten in stehenden Gewässern
	3. Sammeln von Pilzen (unter Feindbeschuss)
11.30	Mittagspause (zwischenzeitlich Überfall auf den Essenfahrer der Nachbarkompanie)
12.00	Waffen- und Schießausbildung
	Der Brückenlegepanzer (zerlegen, zusammensetzen)
15.00	Gefechtsausbildung (Ausgraben des Lkw 5 t)
17.00	Rückmarsch mit Gesang
20.00	Großes Revierreinigen
	Stube 265–267: Kaserne
	Stube 268, 269: Blocken des Hubschrauberlandeplatzes
	Stube 270, 271: Truppenübungsplatz
23.00	Abendessen und Zapfenstreich

MIT NATO-ALARM IST ZU RECHNEN

CLUB-URLAUB?

Die Bundeswehr hat durch verschiedene Mittel versucht, möglichst wenige Jungs an den Zivildienst zu verlieren. Deswegen haben wir in einer Werbung beschrieben, wie super es bei uns ist:

Werbung für den BW-Club

Na, Abi in der Tasche?

Jetzt erst mal weg von den Eltern?

Wie wär's mit einem Jahr Urlaub und Fun in einem unserer gepflegten und weitläufigen Clubs?

Denn dort ist gute Laune garantiert!

Die ersten drei Monate verbringt ihr mit unseren freundlichen Animateuren hauptsächlich in der Natur.

Auf dem Programm stehen gesundes Schlammbaden, Sport auf modernen Hindernisbahnen, Indianerspiele im Wald und Tontaubenschießen.

Höhepunkte sind tolle Abenteuermärsche und Camping auf romantischen Lichtungen.

Nach drei Monaten könnt ihr dann aus einem wirklich reichhaltigen Kursangebot wählen.

Hier nur die beliebtesten Optionen:

Kampftrinken (Erwerb des Leistungsabzeichens des BMVg möglich!)

Kreuzworträtseln leicht gemacht

Wie räume ich meinen Schrank auf? (Unser hilfsbereites Personal gibt gerne Anregungen)

Pornohefte – Laster oder Literatur?

Männerwitze für jede Situation

Und das Schönste: Unterkunft in freundlicher Atmosphäre, Weckservice,

Verpflegung (3-Sterne-Köche) und sogar modische Klamotten in Erd-
farben völlig kostenlos!
Zusätzlich ein Taschengeld von 13 Euro/Tag
Weitere Infos und Anmeldung bei jedem Kreiswehrersatzamt!

*Eine kleine Variation bietet dieses Top-
Angebot. Da können andere Reiseveran-
stalter einpacken!*

Y-Tours: Angebot des Tages

- Wir bieten Ihnen eine 24-Std.-Fahrt ins Dötlinger Munitionslager, einen
  der schönsten Orte Deutschlands! Auf den gut ausgebauten Wander-
  wegen können Sie die schöne Architektur, Flora und Fauna Nord-
  deutschlands durchwandern!
- Sie beginnen ihre Reise um 9.30 Uhr und nehmen natürlich an der
  eindrucksvollen Vergatterung teil. Danach fahren Sie im klimatisierten
  8-Sitzer-Bus nach Dötlingen.
- Am nächsten Tag gegen 10.00 Uhr ist Ihre Rückfahrt. Im Angebot sind
  enthalten:
  – feierliche Vergatterung,
  – Wanderung in Dötlingen,
  – Anreise im 8-Sitzer-Bus,
  – sowie freie Kost und Logis.
- Und das Beste ist: Es kostet Sie nur 10 Monate Ihres Lebens.

DIE DIFFERENZIERUNGSTHEORIE DER >>SCHLANGENPROJEKTION<<

Die Amis immer mit ihren progressiven Ideen ...

Die Differenzierungstheorie der Streitkräfte der USA beschäftigt sich mit der Frage, wie die jeweilige Truppenart gegen eine Schlange in ihrem Verantwortungsbereich vorgeht.

JÄGER: Die Schlange wird sie riechen und die Gegend verlassen.

FALLIES: Landet auf der Schlange und erschlägt sie.

PANZER: Überfahren die Schlange, lachen und suchen weitere Schlangen.

HEERESFLIEGER: Haben zwar die GPS-Koordinaten der Schlange, können sie aber trotzdem nicht finden. Kehren um, betanken, ruhen sich aus und holen die Maniküre nach.

RANGER: Spielen mit der Schlange und essen sie dann auf.

ARTILLERIE: Töten die Schlange mit einem massiven Bombardement von drei Artilleriebrigaden. Töten mehrere Hundert Zivilisten (unvermeidbarer Kollateralschaden). Der Auftrag ist erfüllt, alle Teilnehmer (Köche, Instler und Gezischl) bekommen Orden.

SPECIAL FORCES: Nehmen Verbindung zur Schlange auf, ignorieren alle politischen Anweisungen und die Rules of Engagement des Kommandeurs, indem sie mit der Schlange zusammenarbeiten, ihre Unterstützung bekommen. Bilden die Schlange aus, um andere Schlangen zu töten. Reichen bei der Rückkehr einen enormen Reise-kostenerstattungsantrag ein.

NAVY SEALs: Verschießen ihre gesamte Munition beim Versuch, die Schlange zu töten, und fordern dann Feuerunterstützung der Flotte an. Die Schlange beißt SEAL und verzieht sich. In Hollywood wird ein Film produziert, in dem SEALs moslemische Extremistenschlangen töten.

NAVY: Feuert 50 Cruise Missiles von allen möglichen Schiffen aus ab, tötet die Schlange und präsentiert dem Verteidigungsausschuss des Senats eine Studie über die Kosteneffizienz der Navy als Anti-Schlan-gen-Streitkraft.

MARINES: Töten die Schlange versehentlich beim Einkauf von Souve-nirs. Die örtliche Bevölkerung fordert daraufhin den Rückzug aller US-Streitkräfte aus der Region.

MARINE RECON: Folgt der Schlange, verläuft sich.

RADARFÜHRUNG: Lenkt die Schlange sonst wohin.

FALLSCHIRMSANITÄTER: Verletzt die Schlange, als er sie sieht, und arbeitet dann wie ein Wilder daran, ihr Leben zu retten.

NACHSCHUB: (Hinweis: Ihre Anti-Schlangen-Ausrüstung ist noch nicht angekommen.)

FRACHTPILOTEN: Empfängt Anforderung für Anti-Schlangen-Aus-rüstung, liefert diese zwei Wochen NACH dem vereinbarten Liefer-termin ab.

*F-16-PILOT: Findet die Schlange, wirft zwei Streubomben ab und ver-
fehlt sie wegen des schlechten Wetters.*

*AH-64-APACHE-PILOT: Ist nicht in der Lage, die Schlange aufzuklären,
denn Schlangen erkennt man schlecht auf dem Infrarotbild.*

*UH-60-BLACKHAWK: Findet die Schlange beim vierten Überflug,
nachdem die Schlange ein Feuer entzündet hat, um die Landezone zu
markieren. Der Winddruck des Rotors bläst die Schlange ins Feuer.*

*B-52-PILOT: Überzieht die gesamte Region mit einem Arc-Light-Bom-
bardement, tötet die Schlange und jedes andere lebende Wesen im
Umkreis von drei Kilometern.*

*CH-47-PILOT: Das Lastennetz reißt im Flug ab und erschlägt die
Schlange. Die Besatzung ersetzt das gerissene Seil durch die tote
Schlange.*

NAVY-PILOT: Benutzt Schlange als Fanghaken.

*ICBMs: Legt innerhalb von 20 Sekunden die Koordinaten der Schlange
fest, bekommt aber keine Abschussgenehmigung der nationalen
Kommandogewalt für Nuklearwaffen.*

*NACHRICHTENDIENST: Schlange? Welche Schlange? Nur 4 von 35
Indikatoren für Schlangenaktivität sind im Moment nachweisbar.
Wir schätzen, dass die Wahrscheinlichkeit für Schlangenaktivität in
dieser Region gering ist.*

*JAG: Schlange beruft sich auf das Grundrecht der freien Berufsaus-
übung.*

*FELDJÄGER (MP): Lassen die Schlange einen Alkoholtest durchlaufen,
weil sie nicht gerade robben kann.*

*KÜCHE: Schlange schleicht sich in die Küche und stirbt an Lebensmit-
telvergiftung.*

MURPHYS GESETZ DES GEFECHTS

 Der gute alte Murphy macht auch vor der Bundeswehr nicht halt: »Alles, was schiefgehen kann, wird auch schiefgehen.« Bei manchen Rekruten trifft leider genau das auch zu ...

Wenn der Feind in Reichweite ist, bist du es auch.

Aufschlagender Beschuss hat immer Vorfahrt.

Automatische Waffen – sind keine.

Sperrfeuer – wird nicht funktionieren.

Nie verdächtig aussehen, es zieht Feuer auf dich.

Es gibt immer einen Weg.

Im Zweifel leere dein Magazin.

Teamwork ist grundlegend. Es gibt denen jemanden, auf den sie schießen können.

Keine gefechtsbereite Einheit hat je eine Inspektion überstanden.

Keine Einheit, die bereit für eine Inspektion war, hat je ein Gefecht überstanden.

Der einfache Weg ist immer vermint.

Dinge, die nur zusammen funktionieren, können gewöhnlich nicht zusammen verfrachtet werden.

Funkgeräte versagen, wenn du verzweifelt Feuerunterstützung brauchst.

Du kannst bei allem, was du tust, erschossen werden, Nichtstun inklusive.

Leuchtspurmunition funktioniert für beide Seiten.

Versuche, unwichtig auszusehen, vielleicht haben sie Munitionsmangel.

Profis sind berechenbar, die Amateure sind gefährlich.

Die Welt ist voller Amateure.

Der Feind greift unregelmäßig an einer der folgenden Gelegenheiten an:
1. Wenn du sie erwartest und
2. Wenn du sie nicht erwartest.

Wenn du dich nicht mehr erinnern kannst, ist die Richtmine immer auf dich gerichtet.

Die wichtigen Dinge sind immer einfach.

Die einfachen Sachen sind immer hart.

Das feindliche Ablenkungsmanöver, das du ignorierst, wird der Hauptangriff sein.

Eine »spritzende Brustwunde« ist die Art der Natur, dir zu sagen, dass du kürzer treten solltest.

Wenn der Angriff gut vorankommt, befindest du dich in einem Hinterhalt.

Ziehe niemals Feuer auf dich, es irritiert alle in deiner Umgebung.

Mache es schwierig genug für den Feind, hineinzukommen, und du wirst nicht mehr herauskommen.

Teile dein Schützenloch nie mit jemandem, der tapferer ist als du.

Alle Fünf-Sekunden-Zünder zünden bereits nach drei Sekunden.

Wenn dir alles fehlt, außer Feinden, bist du in der Gefechtszone.

Wenn du ein Gebiet gesichert hast: Vergiss nicht, es dem Feind mitzuteilen.

Vergiss nie, dass deine Waffe vom billigsten Anbieter hergestellt wurde.

Wenn beide Seiten überzeugt sind, dass sie verlieren, haben sie beide recht.

FLÜSTERPOST ODER AUCH DER DIENSTWEG

Flüsterpost oder Stille Post ist eigentlich ein Spiel für Kindergeburtstage. Dennoch kommt es aber oft genug auch in der Erwachsenenwelt vor, zum Beispiel in der Bundeswehr. Bei uns wird das auch »der klassische Dienstweg« genannt.
Flüsterpost oder Stille Post ist eigentlich ein Spiel für Kindergeburtstage. Dennoch kommt es oft genug auch in der Erwachsenenwelt vor, zum Beispiel in der Bundeswehr. Hier wird dieses Spiel »der klassische Dienstweg« genannt.

Der Oberst zum Adjutanten:

»Morgen Früh ist eine Sonnenfinsternis, etwas, was nicht alle Tage passiert. Die Männer sollen im Drillich auf dem Kasernenhof stehen und sich das seltene Schauspiel ansehen. Ich werde es ihnen erklären. Falls es regnet, werden wir nichts sehen, dann sollen sie in die Sporthalle gehen.«

+++

Adjutant zum Hauptmann:

»Befehl vom Oberst. Morgen früh um neun ist eine Sonnenfinsternis. Wenn es regnet, kann man sie vom Kasernenhof aus nicht sehen, dann findet sie im Drillich in der Sporthalle statt. Etwas, was nicht alle Tage passiert. Der Oberst wird's erklären, weil das Schauspiel selten ist.«

+++

Hauptmann zum Leutnant:

»Schauspiel vom Oberst morgen früh neun Uhr im Drillich. Einweihung der Sonnenfinsternis in der Sporthalle. Der Oberst wird erklären, warum es regnet. Sehr selten, so was!«

+++

Leutnant zum Feldwebel:

»Seltener Schauspiel-Befehl: Morgen um neun wird der Oberst im Drillich die Sonne verfinstern, wie es alle Tage passiert in der Sporthalle, wenn ein schöner Tag ist. Wenn's regnet, Kasernenhof!«

+++

Feldwebel zum Unteroffizier:

»Morgen um neun Verfinsterung des Oberst im Drillich wegen der Sonne. Wenn es in der Sporthalle regnet, was nicht alle Tage passiert, antreten auf'm Kasernenhof! Sollten Schauspieler dabei sein, sollen sie sich selten machen.«

+++

Gespräch unter den Soldaten:

»Haste schon gehört, wenn's morgen regnet ...« – »Ja, ick wees, der Oberst will unser Drillich verfinstern. Det dollste Ding: Wenn die Sonne keinen Hof hat, will er ihr einen machen. Schauspieler sollen Selters bekommen, typisch! Dann will er erklären, warum er aus rein sportlichen Gründen die Kaserne nicht mehr sehen kann. Schade, dass das nicht alle Tage passiert.«

SPRÜCHE VON HARALD SCHMIDT
ZUR BUNDESWEHR

Wenn der Herr Schmidt in meiner Kompanie gewesen wäre, dann würde er sich diese Sprüche jetzt nicht trauen. Aber er war wohl doch nur ein Urinkellner! Oder der Wehrdienst ist schon zu lange her und er hat die Ausbildersprüche aufs Schmerzlichste vermisst.

Zum Glück ist Herr Schmidt schlank, ansonsten könnte er so was nicht sagen:

»Die Hardthöhe, die Zentrale der Bundeswehr, hat herausgefunden: Immer mehr unserer Bundeswehrsoldaten leiden unter Fettleibigkeit! Es gibt dafür viele Ursachen: Warsteiner, Krombacher, Veltins, Erdinger ...«

+++

»Viele fette Bundeswehrsoldaten sind mittlerweile so unbeweglich – sie haben jetzt einen eigenen Zivi!«

+++

»Böse Menschen bei den US-Streitkräften haben bereits vorgeschlagen, dicke deutsche Soldaten über Bagdad abzuwerfen!«

+++

»›Der Wehrdienst muss attraktiver werden‹, fordert unsere Wehrbeauftragte Frau Marienfeld. Und ich finde, wir fangen gleich bei ihr an!«

Und umweltbewusst ist die Bundeswehr auch

»Jetzt hat man herausgefunden: Unsere Bundeswehr tut wahnsinnig viel für die Umwelt! Man hat nämlich auf einem Truppenübungsplatz in Bayern 900 seltene, bedrohte Tierarten gefunden. Die Übungen der Bundeswehr heißen aus diesem Grund ab sofort auch nicht mehr ›Manöver‹, sondern ›Safari‹.«

+ + +

»Der häufigste Satz auf dem Truppenübungsplatz ist nicht mehr ›Achtung, Deckung!‹, sondern ›Vorsicht, 'n Blümchen!‹.«

Sonstige Vorkommnisse

»Bundeswehr seit 1955. In Orten wie Fürstenau, Hammelburg oder Schwanewede hätten manche Frauen ohne Bundeswehr ja überhaupt keinen Sex.«

+ + +

»Sat. 1 will die Arbeit der Bundeswehr im Oderbruch jetzt verfilmen. Geplanter Arbeitstitel: Hand am Sack.«

+ + +

»Wenn Frauen beim Bund sind, kommt dann der Stechschritt wieder? Oder heißt es dann noch öfter: Ruhe im Glied!?«

+ + +

»Wenn der Feind Ärger macht, kommen unsere Frauen mit den Panzern der Bundeswehr und parken rückwärts ein!«

+ + +

»Keine sexistischen Tendenzen bei der Bundeswehr, keine Poster mit nackten Frauen mehr im Spind. Das wird natürlich vor allem hart für die weiblichen Soldaten!«

+++

»Unser Verteidigungsminister Rudolf Scharping wollte einst auch den Frauen in der Bundeswehr Waffen geben. Also auch Panzerfahren. Panzerfahren ist doch eigentlich die ideale Beschäftigung für Frauen. Gut, es gibt keinen Außenspiegel zum Schminken, aber mit Panzern muss man nicht einparken.«

Auch Arbeitsplätze sind gefährdet

»Die Bundeswehr wird um 100.000 Mann reduziert. Das sind schlechte Nachrichten für Hansa-Pils ...«

Die Alternative

»Zivildienstleistende, das sind diese jungen Männer, die nicht mit der Waffe töten dürfen ... Sie versuchen's deshalb mit Essen auf Rädern.«

+++

»Norwegische Soldaten beschweren sich über einen zu rauen Umgangston. Liebe Norweger, ich weiß nicht, wie das bei euch ist ... bei uns machen die Weicheier einfach Zivildienst.«

+++

»Immer mehr junge Männer verweigern den Wehrdienst. Den jungen Menschen fehlt einfach das Feindbild. Sie haben keine Angst mehr. Denn die Geschichte hat uns gezeigt – okay, im Grunde gibt sich der Iwan mit der Zone zufrieden.«

+++

»Was ist der Unterschied, wenn Ossis zum Bund gehen? Man schläft mit weniger Menschen in einem Zimmer, und die Springerstiefel werden nicht mehr von Mutti bezahlt!«

+++

»Unsere Soldaten sind nicht mehr so fit, wie sie früher mal waren. Viele schaffen es nicht mehr, auf der Heimfahrt im IC das Gepäcknetz rauszureißen. Und das große Motto, Sie kennen es: ›Zäh wie Leder, hart wie Kruppstahl‹, gilt eigentlich nur noch für das Essen in den Bundeswehrkantinen.«

+++

»In Spanien will man die Wehrpflicht ganz abschaffen – das hat der FC Barcelona ja schon am Dienstag gezeigt. Man ist dort jetzt so friedlich, dass Stierkämpfer die Stiere in Zukunft totquatschen sollen! Statt Wehrdienst gibt es in Spanien bald verschärften Zivildienst – das heißt Pfannenputzen in Villariba und Villabajo!«

Und Herr Joop meinte dazu:

»Das Militär verabscheut Homosexuelle.
Es befürchtet, diese könnten am Feind Gefallen finden.«

DIE ZEHN BESTEN MÖGLICHKEITEN, DEN WEHRDIENST ANGENEHMER ZU GESTALTEN

 *Träumt weiter, ihr Luschen! Dann geht doch gleich ins Mädchenpensionat!*

Der Uniformzwang wird gelockert: Der Gefreite kann wählen zwischen den Kostümen Cowboy, Pirat und Prinzessin.

Der Befehl »Stillgestanden« wird geändert in »Hallo, wie geht's?«.

Beim Schießen gibt es Plastikblumen, rosa Plüschbären und ein verchromtes Schraubenschlüsselset zu gewinnen.

Im Tornado-Cockpit gibt es endlich Aschenbecher und Minibar.

Auf dem Truppenübungsplatz üben außer den Soldaten die »Stones«, »Tic Tac Toe« und die »Jacob Sisters«.

Für jeden halben Liter verlorenes Blut gibt's einen Liter Bier.

Damit Ihr Sexleben nicht zu kurz kommt, drehen Sie einfach mal den Spieß um.

Es wird erst dann zum Frühstücksbüffet gebeten, wenn der letzte Rekrut ausgeschlafen hat.

Bei Übungen im Gelände werden Zivis mit Schnurrbärten und irakischen Uniformen ausgesetzt.

Sämtliche Befehle werden bei Kaffee und Kuchen noch mal durchdiskutiert.

DAS ELOKA-NATO-ALPHABET

Die NATO hat noch mal ihre ganz eigenen Codes ... Jede Übung hat ihren speziellen und total ausgefuchsten Namen.

EloKA – Elektronische Kampfführung oder »Ewiges Leiden ohne kleinsten Anlass zur Hoffnung«
MUFFEX – Einschüchterungsversuch
GNOMEX – Zwergenaufstand
SCHRAPPEX – Hubschrauberübung
BISEX – Zwei-Parteien-Übung
UIUIUIEX – Wasndatfürne-Übung
TUERKEX – Besichtigung
OLIVEX – Eigene Übung
MOULINEX – Schnitzeljagd
MISTREX – Scheißübung
KNALLEX – Gut hörbare Übung
PRALLEX – Nachschubübung für Flüssigstoffe
PISSEX – NATO-Alarm
TIPPEX – Schreibmaschinenübung
HOPPEX – Übung der Kavallerie
ANDEX – Leerübung
PERPLEX – Übungsname nicht bekannt
ESSEX – Mittagspause

EIDEX – Amphibische Übung
ROLLEX – Marschübung, zeitlich befristet
KOMPLEX – Schwierige Übung
BULLEX – Polizeiübung
SLOIPEX – Auch 'ne schöne Übung
SOLEX – Einzelübung
HOPPUNDEX – Einmalige Übung
INDEX – Verbotene Übung
HALBSEX – 30 Minuten nach 5
SIMPLEX – Einfache Übung
AFTERSEX – Möglw. Konkurenzprodukt zu »After Eight«
DOMEX – Feldgottesdienst
PENISEX – Stabsübung
SAMEX – Fruchtbarkeitsritus
VOLTEX – Stromversorgungsübung für OPZ
MINIPENICONDOMEX – Kleine Stabsrahmenübung
GRZIMEX – Affentheater

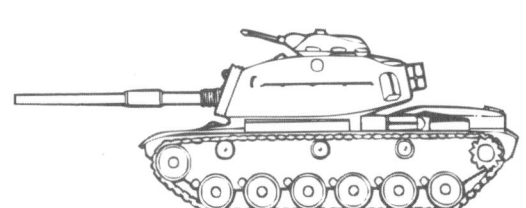

RITUALE

Ein Ritual (stammt vom Lateinischen »ritualis« und bedeutet »dem Brauch entsprechend«) ist eine nach vorgegebenen Regeln ablaufende, meist formelle und oft sehr feierlich-festliche Handlung mit hohem Symbolgehalt. Beim Bund sind einige wundervolle Rituale anzutreffen. Hier eines davon ...

Das Maßband-ZDv.

§ 1 Anwendungsbereich.

1. Diese zentrale Dienstverordnung gilt für den militärischen Bereich der Bundeswehr. Sie kann auch in außermilitärischen Bereichen angewendet werden.

§ 2 Definition

1. Die verbleibende persönliche Dienstzeit (Restdienstzeit) wird in ganzen Kalendertagen gezählt und angegeben, die sogenannte Lage.

2. Die Bruttolage (BL) bezeichnet die verbleibende Restdienstzeit einschließlich aller dienstfreien Tage und ohne Abzug von Urlaubstagen.

3. Die Nettolage (NL) bezeichnet die verbleibende Restdienstzeit abzüglich aller dienstfreien Tage und Urlaube.

4. *Lageschilder sind aus Metall gefertigte
   Schilder gelber Farbe. Sie tragen die Ziffern
   0 bis 9 in möglichst großer, schwarzer Schrift.*

5. *Als »schlechterlagig« werden Personen bezeichnet, deren Lage größer als die eigene
   ist. Analog werden Personen als »besserlagig«
   bezeichnet, deren Lage kleiner als die eigene
   ist. Als »gleichlagig« werden Personen bezeichnet, deren Lage gleich der eigenen ist.*

§ 3 Messen und Anzeigen der eigenen Lage

1. *Dem letzten Kalendertag der eigenen Dienstzeit (Tag der Dienstausscheidung bei BL,
   letzter Diensttag bei NL) ist die Zahl
   0 zugewiesen. Beginnend mit dem Tag der
   Dienstausscheidung wird jeder Kalendertag
   bis zum aktuellen Tag aufsteigend ab 0
   nummeriert. Die Nummer des aktuellen Datums
   gibt die jeweilige Lage in Lagetagen an.*

2. *Jeder ehrenhafte Reservist ist verpflichtet,
   ab BL 150 ein der Waffengattung entsprechen-
   des Maßband zu besitzen. Das Erreichen der BL
   150 wird mit einer Biertaufe gefeiert.*

3. *Nach der Biertaufe befindet sich das Maßband
   im Spind, frei hängend.*

4. *Jeder Maßbandträger hat eine Maßband-ZDv bei
   seinem Dienstausweis mitzuführen.*

5. *Jeder gleich- oder besserlagige Soldat
   konfisziert sofort alle unbeaufsichtigten
   Maßbänder.*

6. *Über NL 50 wird die Lage in BL gezählt und
   das Maßband aufgerollt, mittels einer Maß-
   bandkette am Mann getragen.*

7. Ab NL 50 wird die Lage in NL gezählt darf offen getragen werden und zur Auspeitschung Schlechterlagiger benutzt werden.

8. Ab NL 10 sind die jeweils abgetrennten Abschnitte des Maßbands feierlich zu verbrennen.

9. Ab NL 9 wird die NL zusätzlich mittels Lageschildern angezeigt. Die NL ist insbesondere dadurch deutlich zu machen, dass das jeweilige Lageschild Schlechterlagigen, insbesondere Vorgesetzten, vor die Füße geworfen wird.

10. Bei nichtreservistenmäßigem Verhalten wird der Soldat aus dem Kreis der ehrenhaften Reservisten ausgeschlossen.

§ 4 Auskunftspflicht

1. Der Maßbandbesitzer muss jederzeit seine aktuelle Lage wissen.

2. Bei jeder Gelegenheit ist den Schlechterlagigen die Lage auf beliebige Art zu zeigen. Hierbei ist der Maßbandbesitzer sich der Wirkung seiner Lage bewusst. Dies gilt insbesondere für Personen, die Lageschilder verwenden dürfen.

3. Sollte der Maßbandbesitzer einmal verzweifelt sein, sucht er Trost bei seinem Maßband.

§ 5 Handhabung des Maßbandes

1. Ab BL 149 ist das Maßband ein- und abzureißen. Einreißen zwischen 11.45 Uhr und 12.00 Uhr (freitags zwischen 08.45 Uhr und 09.00 Uhr), abreißen zwischen fünf Minuten vor bis fünf Minuten nach Dienstschluss.

2. Bei verlängertem Dienst (Wache, Übung, UvD
usw. zählt als ein Tag) sowie am letzten
Diensttag der Woche ist so einzureißen, dass
der nächste Diensttag erscheint. Das Abreißen
findet bei Dienstende statt. Das gilt auch für
den Urlaub.

3. Innerhalb der Toleranz von zehn Minuten ist
jede unbewusste Falschmeldung straffrei.

§ 6 Titel

1. Den Titel »Vize« wird dem Maßbandträger bei
der Entlassung der Soldaten des zweiten
Quartals vor ihm verliehen.

2. Der Titel »Abgänger« wird dem Maßbandträger
bei der Entlassung der Soldaten des Quartals
vor ihm verliehen.

§ 7 Betrunkenheitspflicht

1. Bei Erreichen folgender Lagetage besteht
Betrunkenheitspflicht: 150, 111, 100, 99, 88,
77, 66, 55, 44, 33, 22, 11, 10, 9, 8, 7, 6,
5, 4, 3, 2, 1, 0.

§ 8 Berühren und Kontrolle des Maßbandes durch Dritte

1. Das Maßband kann durch Dritte berührt
oder kontrolliert (Lagekontrolle) werden.
Geschieht dies durch einen

1.1 schlechterlagigen Dritten, so muss dieser ein
Bier ausgeben.

1.2 besserlagigen Dritten, so ist diesem ein Bier auszugeben.

2. Sobald ein Dienstgrad ab einschließlich Unteroffizier das Maßband durch Berühren entehrt, ist dieses sofort zu verbrennen.

§ 9 Strafbare Handlung und Disziplinarmaßnahmen

1. Falschmeldung (1 Bier)

2. Nichtein- bzw. -abreißen (1 Bier)

3. Missachtung der Maßband-ZDv (1 Bier)

4. Fehlerhafter Abriss (ausgenommen Zusatzdienste) (1 Bier)

5. Nichtmitführen der Maßband-ZDv (1 Bier)

6. Kontrolle oder Berühren eines besserlagigen Maßbandes (1 Bier)

7. Verlust, Konfiszierung oder Entehrung (1 Kasten Bier)

§ 10 Gültigkeit

1. Diese Maßband-ZDv verlieren ihre Gültigkeit mit Dienstende.

DAS GROSSE LEXIKON

Nach all den wundervollen Berichten und Erlebnissen verschiedener Soldaten, die allesamt Weicheier zu sein scheinen, kommt nun noch ein umfassendes Begriffslexikon. Hier kann der Rekrut oder auch der Zivilist alles nachlesen, was in der Begriffswelt der Bundeswehr wichtig ist und im täglichen Leben verwendet wird. Und ich habe selbstverständlich auch Insider-Begriffe eingefügt, die nur von Rekruten verwendet werden.

A

Aal: Ist eine übliche Bezeichnung für einen Neuling. Das Wort stammt hauptsächlich von den »aalglatten« Schulterglatzen der Anfänger ab. Nur bei der Marine gibt es noch eine andere Bedeutung für Aale. Die »blauen Jungs« nennen ihre Torpedos liebevoll »Aale«.

ABC-Abwehr: Ist der Schutz gegen die Wirkung von **a**tomaren, **b**iologischen und **c**hemischen Kampfmitteln (ABC – klar, oder?). Der Soldat schützt sich vor ABC-Angriffen, indem er sich in die nächste Furche oder den nächsten Graben wirft und sich seinen Regenmantel über den Kopf zieht! Dieser schützt dann vor den herabregnenden Atomen und dem biologischen oder chemischen Regen.

ABC-Männchen: Ist eine belustigende Aktivität mit einem belehrenden Charakter. Das auserkorene Opfer lernt dabei, seinen Spind niemals und wirklich niemals unverschlossen zu lassen. Aus Kampfstiefeln, Jacke, ABC-Maske, Handschuhen und Stahlhelm wird ein Männlein zusammengestellt, das mit den übrigen Utensilien aus dem Spind ausgestopft wird. Danach wird das ABC-Männchen ins Bett des Opfers gelegt.

ABC-Schutzmaske: Ist die offizielle Bezeichnung bei der Bundeswehr für die allseits bekannte Gasmaske. Sie ist in drei Größen erhältlich und soll den Soldaten vor der Wirkung atomarer, chemischer oder biologischer Kampfstoffe schützen (da ist es wieder: das ABC). Das erfüllt die Maske mithilfe angeschraubter Filter ganze zwei Stunden lang. Was Uffze und StUffze jedoch nicht davon abhält, die Soldaten vier Stunden unter Vollschutz über die Felder robben zu lassen.

ABC-Übungsraum: Ist der Gasübungsraum, in dem die oberen der Bundeswehr testen, ob die veralteten Gasmasken immer noch funktionieren. Unter den Soldaten ist umstritten, ob wirklich Reizgase oder doch nur die Dämpfe aus der Küche in den Gasübungsraum geleitet werden.

Abgänger/Ausscheider: Ist ein Gefreiter in den letzten Zügen (noch drei Monate). Wird auch gerne Resi genannt.

Abhocken: Hat mehrerer Bedeutungen:
1. Wenn der Vorgesetzte es benutzt: Das gefechtsmäßige Abhocken wird im Felde geübt; es ist eine Hockstellung, bei welcher der Hintern auf keinen Fall den Boden berühren darf. Das wäre dann ja sitzen, und das war nicht der Befehl. Abhocken hat aber den Nachteil, dass spätestens nach zehn Minuten die Knie wehtun und man sich alle zwei Sekunden fragt: Warum darf man nicht sitzen?
2. Wenn Gleichgestellte es benutzen, charakterisiert das »Abseilen« bzw. das Abhocken auf der Stube am besten die Zeit während der Revierreinigung.

Abiturienten: Sind willkommene Opfer ihrer Hauptschulabschluss-Ausbilder.

Abmunitionieren, und zwar mexikanisch: Man munitioniert mexikanisch ab, indem man nach einem Übungsschießen die übrig gebliebene Munition einfach so verballert. Der Waffen-Uffz wird es einem danken, da er sich das lästige Rückzählen der Patronen sparen kann.

Abrotzen: Nein, damit ist nicht die Fußballermanier gemeint, ihre Rotze auf den Fußballplatz zu verteilen, sondern wenn ein Soldat »abrotzt«, dann füllt er die Luft in seiner Umgebung mit bleihaltigen Auswürfen vom Kaliber 7.62 mm.

Abseilen: Im Bundessoldatendeutsch versteht man unter dem Begriff »Abseilen« keineswegs das Abseilen eines Gegenstandes oder einer Person mittels eines Seils, sondern vielmehr die Technik, durch geeignete Ausreden den Dienst zugunsten einer sinnvolleren Freizeitgestaltung (saufen) zu vernachlässigen. Dies ist für jeden Soldaten nach dem Grundwehrdienst eine selbstverständliche Pflichtübung. Jeder Gefreite, oder – um W10 gerecht zu werden – meinetwegen auch jeder Obergefreite, der beim Arbeiten erwischt wird, obwohl Mäuse in der Nähe waren, hat verloren und es sich bei seinen Kameraden bis in alle Ewigkeit verschissen.

Abstellen!: Unter Zivilisten bedeutet »abstellen« z. B. »den laufenden Motor abstellen«. Bei Soldaten hingegen wird gefordert, dass er unverzüglich einen Missstand beseitigt: »Das soll ein aufgeräumter Spind sein? Abstellen!«

Achtung!: Ein laut ausgerufenes »Achtung!« bedeutet für einen Soldaten, dass er in Sekundenbruchteilen aufspringt und die Grundstellung mit Front zu seinem Vorgesetzten einnimmt. Aber das gilt nur in der Grundausbildung; »Achtung« darf von Gefreiten an aufwärts ignoriert werden.

Ackerschnacker: Oder auch ein Feldtelefon

Adidas-Gefreiter: Ist die nicht ganz offizielle Bezeichnung für einen Hauptgefreiten. Er trägt auf den Schultern ebenso viele Streifen wie das Logo von Adidas.

Adjutant: Ein Eierschaukler für Generäle (hat aber selber den Offiziersrang).

AGA: Ist eine Abkürzung für **A**llgemeine **G**rund**a**usbildung. Sie ist der gefürchtete dreimonatige Höllenritt.

AGA-Nauten: Neulinge, die noch die Grundlagen des Formaldienstes erlernen müssen, und das obendrein in ihren Trainingsanzügen.

AGFA: Alles glatt für'n Arsch.

AKF/Aküfi: **A**b**kü**rzungs**fi**mmel

Alarm!: Alarm findet bevorzugt zu nachtschlafender Zeit oder während der Mittags- oder Ruhepausen statt. Mit Alarm muss garantiert nicht gerechnet werden, wenn der Kompaniechef vor versammelter Mannschaft eine belanglose Rede hält. (Dabei würde er sich niemals stören lassen, selbst wenn der Feind ihm schon auf die Schulter klopft.)

Alarmposten: Damit darf sich der Soldat die Nächte um die Ohren schlagen. Und mangels Übungsmunition wird der Klappspaten als Verteidigungswaffe bereitgelegt, um den bösen Feind in die Flucht zu schlagen.

Alkoholverdunstungsanzug: Ist der bekannte Trainingsanzug der Bundeswehr. Diesen zieht man abgesehen vom Sport auch an, um den Restalkohol der letzten Nacht verdunsten zu lassen.

Almdudler: Die Gebirgsjägertruppe des Bundes.

AMILA: **A**llgemeiner **mi**litärischer **La**uf zum Ausbau der Militärischen Leistung oder kurz die »Kasernenrunde«:
— wird oft von sportfanatischen Ausbildern befohlen, die aufgrund ihres eigenen Bauchumfangs selber keinen Sport mehr treiben können, sich aber am Anblick völlig erschöpfter Soldaten ergötzen und sich dann selber wieder sportlich fühlen.
— wird von besonders aktiven Uffzen durchgeführt. Diese genießen es, kurz vor dem Dienstschluss noch zehn Kilometer zu laufen.

Amplitudenjodler: Fernmeldesoldaten

Angstmütze: Gefechtshelm

Anklopfgerät: Panzerfaust, mit der man am feindlichen Panzer »anklopft« und darauf aufmerksam macht, dass man gerne hinein möchte.

Annahme und Verschwand: Ist die Abteilung einer Nachschubkompanie. Diese prüft alle eingehenden Güter auf eine mögliche zivile Verwendbarkeit und lässt dieselbe dann – bei Tauglichkeit – mitsamt allen Belegen verschwinden. Wird von Unwissenden fälschlicherweise auch gerne als »Annahme und Versand« bezeichnet.

Anschiss: Ist die verbale Form von »mächtig Ärger«. Der Grund ist meist die fehlende Motivation des Angeschissenen. Abhilfe: Zähne zusammenbeißen, Augen zu und Ohren auf Durchzug.

Antennenschaukler: Fernmelder

Antreten: Findet meist auf dem Kasernenhof statt. Schaffen es die Soldaten nicht, »ordentlich« anzutreten (drei hintereinander, viele, viele nebeneinander), hat das meist das beliebte »Auf die Stuben wegtreten – vor dem Block antreten«-Spielchen zur Folge.

Anwesenheitsprämie: Auch Wehrsold genannt. Der Soldat einer Stammeinheit erhält diese für seine bloße physische Anwesenheit. In der Grundausbildung allerdings muss der Soldat sich den Sold noch durch schweißtreibende Übungen verdienen.

Appell: Gemeinsames Antreten auf dem Kasernenhof. Meist ist dieses mit einem Anschiss verbunden.

Appetitvernichtungsplakat: Oder auch der Speisezettel. So manch ein Soldat sich soll schon beim bloßen Anblick desselbigen übergeben haben.

Aquariumsplanscher: Die Marinesoldaten

Arbeitskreis: Wenn du nicht mehr weiterweißt, dann bilde einen Arbeitskreis. Sehr beliebt unter Ausbildern.

Arbeitsumgehungsbalken: Dienstgradabzeichen der Uffze

Argumentationsverstärker: Ein anderes Wort für »Waffe«

Arsch: Dieses Körperteil muss der Soldat im »Stillgestanden« so zusammenpressen können, dass
– den Filzläusen die Augen tränen,
– ein 2-Euro-Stück die Prägung verliert,
– man damit einen Nagel aus der Wand ziehen kann.

Arsch (2): Der Arsch ist ein Körperteil, der beim Bund grundsätzlich so weit aufgerissen wird, dass ein Lkw darin Platz hätte.

Artillerie: Diese bekämpft über den Köpfen der kämpfenden Truppe hinweg den bösen Feind.

Ätherquieker: Die Soldaten der Fernmeldetruppe

ATN: Abkürzung für **A**usbildungs- und **T**ätigkeits**n**achweis. Ohne eine gültige ATN darf ein Soldat beim Bund nichts tun. Wenn also der Spieß befehlen würde, »Fegen«, wäre folgende Antwort vollkommen legitim: »Sorry, habe keine ATN auf Besen.«

Attraktivitätsprogramm: Darunter versteht man alle Maßnahmen, die zur Steigerung der Attraktivität des Grundwehrdienstes beitragen sollen. Nach den glorreichen Erfindern dieses Programms gehört z. B. die frühere Beförderung (Gefreiter schon nach drei Monaten, Obergefreiter nach nur sechs) dazu. Nicht einbegriffen sind wirkliche Attraktivitätsmerkmale wie standortnahe Bordelle, Zwangsverschickung der Ausbilder und freie Alkoholversorgung.

Aufklärungstruppe: Leider kein Haufen von Damen aus dem horizontalen Gewerbe, die die Soldaten in die Geheimnisse der käuflicher Liebe einweihen, sondern vielmehr eine Truppengattung, die mithilfe von modernstem technischen Gerät wie Radar, Fotos und Fernglas den gemeinen Feind beobachtet. Mangels eines Feindbildes schauen diese in letzter Zeit ziemlich häufig in die Röhre. Zweifelhaft sind daher auch die immer häufigeren Manöver unter Decknamen wie »Dicke Dinger« oder »Hüpfende Möpse« an nahe gelegenen Badeseen.

Aufkoffern: Das tut jemand, der seine Dienstzeit freiwillig verlängert.

Aufpreis: Wer als marktwirtschaftlich denkender Mensch glaubt, dass bei der Massenfertigung eines Produktes aufgrund der Degression der fixen Kosten bei großer Stückzahl der Stückpreis sinken würde, muss bei der Bundeswehr radikal umdenken. Das wunderbare Bundeswehrgrün ist zwar die Grundfarbe des Bundes, aber stets teurer als alle anderen Farben. Beispiel: Wenn ein VW Golf in Rot Metallic 30.000 Euro kostet, zahlt die Bundeswehr, für ihren Grünton 40.000 Euro pro Stück (und das bei Abnahme von 2500 Einheiten).

Aufschlagen: Bundeswehrdeutsch für »Ankommen«. »Wann schlagen Sie hier auf?« heißt so viel wie »Wann kommen Sie hier an?«.

Aufschließen!: Hat nichts mit dem Türenöffnen zu tun, sondern wird beständig gebrüllt, wenn bei einem Marsch die Lücken zwischen den Soldaten zu groß werden.

Aufsitzen! Absitzen!: Kommt aus dem Reitsport, als Soldaten noch auf Pferde aufgesessen sind. Klingt natürlich heute viel gebildeter als ein normales »Einsteigen«, auch wenn kein Soldat mehr reiten geschweige denn ein Pferd besteigen kann. Die Soldaten müssen sich schon sprachlich von Zivilisten abgrenzen. Wie bei den Tieren – die essen ja auch nicht, sie fressen.

Aufstehen: Das muss der Soldat unter der Woche zu einer unchristlichen Zeit, zu der er am Wochenende erst ins Bett gehen würde.

Augentechnischer Dienst: Zur Erfüllung dieses Dienstes muss der Soldat mit dem Kopf auf dem Bürotisch die Zeit bis mindestens Dienstschluss verbringen. Dabei prüft er, ob die Augenlieder auch noch richtig schließen.

Ausbilder: Sind oft junge Uffze oder StUffze, denen trotz ihrer frühen Jahre nichts mehr beigebracht werden kann. Ihre geistige Entwicklung ist in der Regel im Alter von 14 Jahren abgeschlossen. Hierin liegt wohl auch der Grund, warum diese an schweren Gedächtnisproblemen leiden. Ihre eigene Grundausbildung ist erst wenige Monate her, dennoch haben diese Zivilversager offenbar vergessen, wie sehr sie selber unter ihren sadistischen Ausbildern gelitten haben. Die meisten von diesen sogenannten Ausbildern dürften im zivilen Leben nicht einmal einen Bagger führen, aber beim Bund führen sie Männer. Hier stimmt doch was nicht!

Ausbildersprüche: Siehe Sammlung weiter oben. Diese werden von Generation zu Generation weitervererbt und werden durch permanente Wiederholung weder origineller noch einschüchternder.

Automaat: Marineunteroffizier in einer Kraftfahreinheit.

AVZ: Abkürzung für **A**ufklärungs- und **V**erbindungs-**Z**ug. Nach Dienst-schluss heißt dieser Trupp aber Alkohol-Vernichtungs-Zug.

Badegast: Ein überdurchschnittlich tollpatschiger Rekrut, der bei jeder Flussüberquerung ins Wasser fällt, äh ausrutscht.

Badenutte: Ist ein Soldat, der sich im U-Boot wäscht. Würde er sich auch noch rasieren, würde er glatt als schwul gelten. Ein U-Boot-Fahrer hat nach Schweiß und Maschinenöl zu riechen und sich mit seiner äußeren Erscheinung beharrlich einem Yeti anzunähern.

Balken: Im Bundeswehr-Slang sind »Balken« diese rautenförmigen Dienstgradabzeichen (/ – // – /// – ////). Sie werden ab den Gefreiten aufwärts auf den Schultern getragen. Ab dem Dienstgrad »Unteroffizier« allerdings gibt es keine Balken mehr, sondern hufeisenförmige Abzeichen. Der Balken geht allerdings nicht verloren, sondern wird jetzt vor dem Kopf getragen. Siehe dazu auch: Pommes.

Bälle flach halten: Oder auch Umgangssprachlich »einen Gang runterschalten«, falls ein Soldat bei der Ausführung eines Befehls zu viel Ehrgeiz entwickeln sollte. »Kamerad, immer schön die Bälle flach halten. Du bist schließlich nicht freiwillig hier.«

Bananenöl: Ist eine ölige Flüssigkeit, ihr Geruch erinnert stark an Bananen. Das Bananenöl wird dazu gebraucht, um ein Tuch damit zu tränken und es auf die Lüftungsansaugung des Panzers zu legen. Sollte es im Innenraum mal nach Bananen riechen, ist das das Zeichen, dass die Kohlefilter ausgetauscht werden müssen.

Bänke: Stehen innerhalb der Kasernen und dienen – wenn überhaupt zu etwas – nur zu Dekorationszwecken.

Barett: Eine Kopfbedeckung, die zwischen Baskenmütze und Fladenbrot anzusiedeln ist. Der Soldat hat das Barett nach Abschluss der Grundausbildung auf seinem raspelkurzgeschorenen Haupt zu tragen.

Bastelkompanie: Ist die technische Truppe.

Batteriehure: Das Dienst-Kraftfahrzeug einer Einheit. Dieses wird in der Regel von sehr vielen Fahrern benutzt.

Bau: Der Knast. Ist im Wachgebäude gelegen und wird auch liebevoll »Café Viereck« genannt.

Bauarbeiter, bewaffneter: Pionier

Baumsäge: Ist im Bundeswehr-Slang ein Maschinengewehr. Wenn die vielen Funktionsstörungen nicht wären, könnte man ganze Wälder fällen.

Beerensammelmütze: Ist auch die Funktionsbezeichnung für das Barett. Begründung: Es ist zu nix anderem nütze.

Befehl: Befehl und Gehorsam sind die elementarsten Prinzipien der Bundeswehr. Jeder Soldat ist verpflichtet, seinen Vorgesetzten zu gehorchen und deren Befehle unverzüglich und gewissenhaft auszuführen. So schwachsinnig oder so wenig militärisch sinnvoll diese auch sein mögen. Denn führt ein Soldat einen schwachsinnigen Befehl nicht sofort und gewissenhaft aus, dann hat er damit der soldatischen Gemeinschaft einen schweren Schaden zugefügt. Okay!

Begräbnisknaller: Panzermine

Bergfest: Man bezeichnet damit den zwar nicht unbedingt als feierlich, aber wenigstens als markant wahrgenommenen Zeitpunkt der Mitte eines bestimmten Zeitabschnitts. Also z. B. wenn die Grundausbildung, die allgemeine Dienstzeit o. Ä. zur Hälfte vorüber sind.

Bergmütze: Die Krone der Peinlichkeit in der Bundeswehr. Die Bergmütze ist das Barett der ersten Gebirgsdivision. Sie ist grau wie die Uniform und hat ungefähr den Schnitt einer normalen Feldmütze, nur ist sie steif und vorne mit einem Schirm versehen. Grundsätzlich gilt, ähnlich wie bei einem Baseball-Cap: Je zerknautschter die Mütze, desto länger ist ihr Träger im Dienst. Und umso schneller hat er das Ganze hinter sich.

Berufsalkoholiker: Berufssoldat

Berufsschnarcher: Das sind zivile Wachangestellte bei der Bundeswehr. Diese haben im Laufe der Zeit die Arbeitsmoral der Wehrpflichtigen übernommen und dürfen deshalb völlig zu Recht Berufsschnarcher genannt werden.

Beruhigungspille: Handgranate. Werfen – der Gegner ist ruhig.

Beschaffung: Es gibt drei Arten der Beschaffung, und diese sind Aufgabe des Nachschubs:
1. **Zentrale Beschaffung:** Zwölf Wochen Lieferzeit. Und nach zwölf Wochen Bescheid bekommen, dass es doch lieber dezentral beschafft werden muss.
2. **Dezentrale Beschaffung:** Wird eigentlich alles, und zusätzlich wird am Jahresende unnötiger Ramsch bestellt, damit der Etat im nächsten Jahr nicht gekürzt wird.
3. **Illegale Beschaffung:** Ein kurzer Anruf beim Nachschub der Nachbarkompanie, und dann feilschen, was das Zeug hält.

Bescherung: Wehrsoldempfang

Besserlagiger, Schlechterlagiger: Steht immer Relation. Der Besserlagige hat z. B. noch weniger Tage Dienst abzuleisten als der Schlechterlagige.

Bettbrett: Das Bettbrett hilft, das komplett durchgelegene Drahtgeflecht der Betten etwas zu versteifen. Es wird unter die versiffte Schaumstoffmatratze gelegt. Ohne dieses bekommt auch der gesündeste Soldat innerhalb kürzester Zeit heftigste Rückenschmerzen.

Bettenbau: Hat nichts mit dem Aufbau eines Bettes zu tun. Unter Bettenbau versteht man beim Bund vielmehr das ordnungsgemäße, millimetergenaue Zusammenlegen der Bettwäsche. Zur Info: Der Begriff »Bettenbau« wird verwendet, weil die zivile Alternative »Betten machen« für echte Kerle viel zu unmännlich klingt.

Bettwäsche: Ist meist versifft und schmuddelig. Sie besteht aus einer Uraltdecke, einem Schaumstoffblock und einem Laken. In dieser schlafen zu können verdeutlicht, wie sich ein Soldat an verschlechterte Umweltbedingungen anpassen kann.

BFD-Kurse: Eine sagenhafte Einrichtung. Der Vorsteher ist verpflichtet, den Rekruten fünf Tage für einen solchen Kurs freizustellen. Und das Highlight: Die Kurse können auch zu Hause durchgeführt werden.

Bier: Ist ein Hauptnahrungsmittel neben Snickers und Zigaretten.

Bierbauch: Berufsbedingte Krankheit bei Zeit- und Berufssoldaten.

Bierdosenaufbewahrungsbehälter: Inoffizielle Bezeichnung der ABC-Schutzmaskentasche. Dieser Name passt viel besser als der offizielle Begriff.

Bingo-Bongos: Funker werden so genannt.

BIWAK: (frz. Bivouac: Feldlager, Nachtlager) bezeichnet ein Lager im Freien, aber auch in Zelten.
Bundeswehr **I**m **W**ald **A**ußer **K**ontrolle
oder:
Bundeswehr **I**n **W**artehaltung **A**uf **K**ältetod
oder
Bundeswehr **I**m **W**ald **A**m **K**acken
oder
Bundeswehr **I**m **W**ald **A**m **K**ampieren

Blasenöffner, Bindenwickler: Sanitätssoldaten

Blätterraschler: Geschäftszimmersoldat

Blitzbirne: Fernmelder

Block: Schon wieder ein Wort aus dem Bundeswehr-Slang. Zivilisten würden Haus dazu sagen.

Blocker: Bizarre Maschine zur Pflege des Parketts. Es besteht aus einem fünf Kilo schweren Bleifuß, an dessen Unterseite Borsten angebracht sind.

Boden-Luft-Verbindungsoffizier: Militärgeistlicher

Bombenleger, langhaariger: Ausbilder sind der Meinung, dass es sich um einen langhaarigern Bombenleger handeln muss, wenn das Haupthaar um mehr als einen Millimeter länger ist, also die vorgeschriebene Rasiererkurzhaarfrisur.

Bordell der tausend Betten: Auch Kasernen unter 1000 Betten dürfen sich so nennen.

Brenner: Und es gibt sie wirklich. Einigen wenigen macht der Bund tatsächlich Spaß. Faulenzen oder Abseilen kennen sie nicht, krank waren sie noch nie, und eifrig wird jeder Befehl ausgeführt. Diese Zivilversager schleimen nach oben und treten nach unten. Soldaten, die ihre Dienstzeit so »abbrennen«, werden abfällig nur »Brenner« genannt.

Brüllen: Wer im Dezibelbereich unterhalb eines Jagdbombers redet, meldet oder zusammenscheißt, hat eigentlich nichts zu melden.

BTW5: Inoffizielle Bezeichnung für Pioniere – **B**lind, **T**aub, **W**asserdicht und **A**ufblasbar bis 5 atü.

Bumm-Platsch: Die Übungsmunition der Marine: Macht beim Abschuss BUMM, beim Einschlag PLATSCH …

BUND: Abkürzung für: **B**ei **U**ns **N**icht **D**enken!

Bundeswehrapotheke: Ist eine interne Einrichtung zur Einlagerung und eventuell auch Weiterverteilung von Paletten voller Rheumasalbe.

BW Badehose: Badehose im kleidsamen Wassertarn-Design. Endlich einmal eine neue Farbe im immerwährenden Oliv-grün-Dschungel.

BW-Taschenmesser: Auch kurz einfach nur »stumpf« genannt. Herzchen in Baumrinde einzuritzen geht nicht, und an Selbstmord ist auch nicht zu denken. Mit einem einfachen Elektrorasierer könnte sich ein suizidgewillter Rekrut wahrscheinlich schneller die Pulsadern aufschneiden als mit diesem Messer. Wer für dieses Stück Mist eine Verlustmeldung schreiben muss, hat es bestimmt wirklich verloren.

BW-Taschentuch: Graues Stofftaschentuch, wie man sie noch von der Oma kennt, mit der beeindruckenden Kantenlänge von 47,5 mal 47,5 Zentimetern.

BW-Trivia: Im Privatfach des Spindes lassen sich 38 Bierflaschen oder zwei 5-Liter-Fässer unterbringen.

BWK: Bundeswehrkrankenhaus oder inoffiziell auch »Institut zur Durchführung von Menschenversuchen«. Vom Ministerium wird dies allerdings vehement dementiert, das liegt wohl daran, dass man sich noch nicht ganz darüber im Klaren ist, ob ein Rekrut überhaupt der Gattung Mensch zugerechnet werden kann. Oder doch nur nachwachsendes biologisches Kanonenfutter ist.

BWK (2): In Bundeswehr-Kreisen auch eine Abkürzung für das Standardabendessen Brot, Wurst und Käse.

Calimero: Abgeleitet von der Zeichentrickserie »Calimero mit Sombrero, Küken aus Palermo«. Spitzname für Soldaten, deren Helm alles andere als richtig sitzt.

Camping-ATN, Soldat mit: Das sind kürzlich beförderte Feldwebel, da ihre neuen Schulterstücke sehr an ein Zelt erinnern.

CB: **C**hefbesprechung oder Neudeutsch: **C**ommander's **B**riefing

Chappi-Geschwader: Feldköche, Küchenpersonal

Clubkarte: Eine Clubkarte gibt es nur für die Luftwaffe, bei anderen Waffengattungen nennt man das Teil Truppenausweis. Und für die zivile Bevölkerung gibt es die ADAC-Clubkarte.

Code Red: Wurde aus dem anglo amerikanischen Raum übernommen. Die Bezeichnung steht für eine »Erzieherische Maßnahme« an Kameraden durch Kameraden. Oder kurz: Ein Rekrut baut Mist, der Vorgesetzte bestraft die ganze Truppe und nach Dienstschluss bestraft die Truppe dann den Rekruten, der ihr das eingebrockt hat.

Contisohlen: Sind »offiziell« an den Kampfstiefelsohlen dran. Diese werden aber bei Minusgraden derartig hart, dass man keinen Halt mehr hat und lieber freiwillig robbt, als ständig auf die Schnauze zu fliegen. Merke also: bei Conti(nental) arbeiten nur die ganz harten Jungs!

Dackelhütte/-garage: Wird von den Ausbildern der Bundeswehr auch großkotzig »Zwei-Mann-Zelt« genannt. Das Zelt wird aus den zusammengeknöpften Zeltbahnen zweier Soldaten errichtet und soll auch für längere Zeit ausreichend Schutz bieten. Vor was, ist allerdings noch nicht geklärt. Regen und Wind sind es jedenfalls nicht!

Die magischen drei Ds: **D**rall, **D**ruck und **D**osenbrot

Diener, großer: Das sind die Komponenten des Dienstanzugs. Beim großen Diener werden Kampfstiefel anstatt der Halbschuhe sowie das Koppel getragen. Und das hat nichts mit dem Bedienen anderer zu tun.

Dienstanzug: Obwohl der Name es vermuten lassen würde, wird dieser Anzug nur äußerst selten während der Dienstzeit getragen. Eigentlich findet die graue Hose, die hellgraue Jacke und das blaue Hemd nur bei feierlichen Anlässen Verwendung. Das etwas antike Modell lässt vermuten, dass die komplette Uniform noch aus Wehrmachtsbeständen stammt.

Dienstplan: Beim Bund ist alles durchgeplant, der Dienst erst recht. Und genau deshalb klappt auch nichts.

Dienstschluss: In der Grundausbildung so etwa gegen 22.00 Uhr. Und dann ist mit ABC-Alarm zu rechnen. In der Stammeinheit wird unter Dienstschluss der gleitende Übergang vom Abhängen ohne Bier zum Abhängen mit Bier verstanden.

Dieselknechte: Kraftfahrertruppe

Dieselöfen: Sie mögen vielleicht an der Westfront 1914 bis 1918 noch funktioniert haben, aber hätten mindestens seit Stalingrad längst ausgemustert werden müssen. Vielleicht hatte jemand mal das Vergnügen, bei einer Winterübung in Großraumzelten untergebracht zu werden. Dort hat man vielleicht die Bekanntschaft mit diesen hochmodernen Dieselöfen gemacht. Am ersten Tag heizen die Öfen das Zelt auf tropische 30 Grad Celsius auf, am zweiten Tag hingegen sind sie zu verrußt, um funktionieren zu können. Kein Schornsteinfeger aus diesem Jahrhundert hätte dafür je eine Betriebserlaubnis erteilt.

DIN-A4: DIN-Norm für zusammengefaltete Diensthemden

Discofeldwebel: Ist ein Fähnrich, der zusätzlich zur Feldwebelklappe noch eine Silberlitze (Discolitze) zur Dienstgraderkennung an der Schulterlitze trägt.

Diszi: Ein offizieller Anschiss mit schweren Folgen.

Disziplin: Der Soldat steht stramm und hat auch dann keinen Muskel seines Körpers zu bewegen, wenn ein ganzer Schwarm Wespen auf ihn zusteuert. Ganz abgesehen davon, wenn sie ihm unters Hemd gehen.

DM12: Styropor-Handgranate. Macht einen Höllenlärm, ist sonst aber ziemlich ungefährlich. Ist auch ein sehr beliebtes Spielzeug zu Silvester und ein noch beliebteres Hilfsmittel zum Wecken schläfriger Rekruten.

Donnerbalken: Freiluft-Klo im Felde

Doppelgefreiter: Ist ein Obergefreiter, der wegen seiner zwei parallel angeordneten Pommes so genannt wird.

Dosenkohl, Gefreiter: Der Gefreite Dosenkohl ist ein militärischer Verwandter des zivilen Herrn Mustermann.

Drehstuhlpiloten: Sind Geschäftszimmersoldaten bei der Luftwaffe.

Dreistreifengeneral: Hauptgefreiter

Dschungeltaxi: Panzer. Was soll das denn sonst auch sein?

DvD: **D**epp **v**om **D**ienst. Nix offizielles, aber beim Bund weitverbreitet.

DZE: Das heiß ersehnte **D**ienstzeitende. Nur der Gedanke daran hält einen Rekruten am Leben.

EA: **E**igenmächtig **a**bwesend

EA (2): Übelster Bundeswehr-Jargon! Da es Bundeswehrlern zutiefst zuwider ist, Begriffe zu verwenden, die auch außerhalb des Kasernenhofes verstanden werden könnten, benutzt er als Maßeinheit für Mengen von Gegenständen nicht den allseits bekannten Begriff »Stück«, sondern das aus dem Englischen kommende Wort »each«. Da es ihm aber ebenfalls lästig ist, ein ganzes Wort auszusprechen, wenn es dafür auch eine raffinierte Abkürzung gibt, bestellt ein Rekrut zum Beispiel statt Mausefallen (drei Stück) drei EA Falle, klapp, für Kleintier grau, beweglich. Verstanden?

Edelweißgeschwader: Die Gebirgsjäger, verdanken ihren Namen dem wunderschönen Edelweißabzeichen auf ihrer Montur. Werden aber auch gerne Edelweißpflücker oder Fleurop-Division genannt.

EG: Ein **E**wig **G**efreiter ist ein Soldat, der durch chronische Unfähigkeit, besonders erfolgreiches Seilen oder ständige Krankheit erst dann zum Obergefreiten befördert wird, wenn:

- die Hölle zufriert
  oder
- er zu einer neuen Einheit kommt, wo ihn niemand kennt,
  oder
- er der Bundeskanzlerin das Leben rettet oder Guttenberg den Beweis liefert, dass er doch nicht abgeschrieben hat.

Eignungsübender: Rekruten, die sich nicht verpflichten lassen wollen, aber so lange den Hintern gepudert bekommen, bis sie es doch tun.

Einheitlich: Darunter ist ein einheitliches Auftreten gemeint, z. B. »Einheitlichkeit im Gelände!«. Ob Schütze Mayer bei zehn Grad plus in der hochgekrempelten (»Sommer kann befohlen werden!«) Feldjacke friert oder Schütze Bauer auch bei zehn Grad Minus im Parka schwitzt – egal! Hauptsache, einheitlich!

Einkleidung: Hier wird der Soldat mit der zeitlos-schönen Mode in Olivgrün ausgestattet, egal, was New York, Mailand oder Paris gerade befiehlt. Lagerfeld würde tot umfallen.

Einmarscherlaubnis: Vielleicht eher bekannt als »Einberufungsbescheid«. Dem einberufenen Soldaten ist es unter allen Umständen verboten, für den Zeitraum seiner Einberufung kurzfristig ins benachbarte Ausland zu fliehen oder gar den Ballermann zu besetzen. Derartiges Verhalten wird nach § 16 Wehrstrafgesetz als Fahnenflucht bestraft.

Einlauf: Nicht im medizinischem Sinne, sondern eher ähnlich dem Anschiss, äußert sich meist in der Zuweisung von Sonderaufgaben, wie Latrinen mit Zahnbürsten putzen oder spezielle Wochenenddienste.

Einrücken: Polizei, Feuerwehr und Rettungsdienst rücken aus. Soldaten rücken ein. So einfach ist das.

Einwirken: Ein bei der Bundeswehr gern verwendeter Euphemismus für »den Feind totschießen«.

Einzelkämpfer: Auch »Kampfschwein«

Eisenmütze: Stahlhelm

Elefantenschuh: Der Mannschaftstransportwagen M113

EM: **E**rzieherische **M**aßnahme. Diese werden sozusagen ergriffen, wenn der Soldat den Morgenappell im Bett stattfinden lässt.

Engelnachschubgeschwader: Das ist die Flugzeugführerschule vom Bund.

EPa: **E**inmann**p**ackung oder auch: Erbrochenes portionsweise abgepackt. Dieses Lunchpaket enthält sehr viele leckere Kleinigkeiten, die der Soldat im Felde zum Über(ge)(l)eben braucht.

Erdferkel/Heeresmuckel: Fliegern macht es besonders viel Spaß, diese Gattung unter Zuhilfenahme eines tieffliegenden Tornados zu scheuchen.

Erdhobel: Der berühmt-berüchtigte Klappspaten

Erdnagel: Bundeswehr-Slang für Zelt-Heringe

Ersatzteile: Sagenhafte Gebrauchsgegenstände, von denen unsere Väter und Vorväter behaupten, sie noch gekannt zu haben.

Essensmarken: Gegen Herausgabe ebendieser Marken bekommt der Rekrut allerhand Leckereien aus der Truppenküche kredenzt, bei dessen Anblick er sich fragt, warum er per Gesetz dazu verpflichtet wurde, seine Gesundheit zu erhalten, aber der Küchendrachen offenbar nicht.

Essgeschirr: Behälter, in dem bei Manövern und längeren Geländegängen die Versuchsproduktionen der Küche aufbewahrt werden bzw. aus dem sie vernichtet werden. Dies beinhaltet sowohl das Vergraben des Essens als auch das In-den-Mund-stopfen-und-Hinunterwürgen bei Hungerkrämpfen.

Fähnchenschwenker/Fahnenjunkie/Fahnenjungfer: Fahnenjunker

Fahrbereitschaft: Diese hat die ehrenvolle Aufgabe, Offiziere und Co. abends in den Puff und später auch wieder Richtung Bett zu fahren.

Fahrschule: Nicht dass irgendjemand hier glaubt, der Besitz eines zivilen Führerscheins (sei es auch der für Lkws) reiche aus, um auch bei beim Bund ein Kraftfahrzeug führen zu dürfen. Weit gefehlt! Jeder motorisierte Rekrut muss bei der Bundeswehr den Führerschein erneut erwerben.

Fallis/Fallobst: Fallschirmjäger. Ist aber ein wenig irreführend, diese haben noch nie in ihrem Leben einen Fallschirm gejagt.

Fallobstdivision: Luftlandedivision

Fasching: Ein sehr beliebtes Spiel. Wird vor allem in der Grundausbildung häufig praktiziert. Bei dieser Übung werden in kürzester Zeit alle Uniformarten ausprobiert. Mitunter kann es zu Missverständnissen kommen, wenn der Ausbilder spaßeshalber größten Wert auf die Formulierung seines Befehls zur nächsten Anzugsordnung legt.
Beispiel: »Mädels, MIT Badehose raustreten, Zeitansatz drei Minuten!« Drei Minuten später erblickt der Beobachter ein wahrhaft grausiges Schauspiel: Der komplette Flur voller mondäner Schwimmunterstützungsuniformen. Und dann noch die Bemerkung vom Ausbilder: »Männer, nicht IN, sondern MIT Badehose raustreten, und hat verdammt noch mal jemand was von Badelatschen gesagt?«

Faultier: Nennen Sie mir ein Faultier mit zwei Buchstaben? – UA. (Unteroffiziersanwärter)

Fehlfarben: Sind Marinesoldaten. Sie werden so genannt, weil sie sich mit ihren marineblauen Uniformen nicht so recht in das einheitliche Olivgrün der Bundeswehr einfügen wollen.

Feierabendapotheker: Das ist der Sanitäter vom Dienst.

Feindbild: Uffze, StUffze, Feldwebel, Hauptleute, Offiziere …
Wofür braucht man bei dieser Auswahl noch andere?

Feldanzug: Anzug, der statt im Feld in der Kaserne getragen wird. Um zu begreifen, warum man ihn nicht gleich Kasernenanzug nennt, müsste man sich tief in die Denkstrukturen der Bundeswehr einarbeiten. Aber dieser Versuch hat bisher noch jeden in den Wahnsinn geführt.

Feldjäger: Sind die bewaffneten Schülerlotsen der Bundeswehr und vor allem auf Bahnhöfen sehr gefürchtet. Folgt ein Soldat nicht, gibt es einen mit dem Migräne-Stick auf die Rübe.

Feldköche: Werden bei der Bundeswehr für eine Leistung bezahlt, wegen der sie sogar von den Russen stante pede (aus dem lateinischen »Stehenden Fußes« , also sofort und auf der Stelle) an das Kriegsverbrechertribunal in Den Haag ausgeliefert worden wären.

Feldküche: Ist der Arbeitsplatz und Wirkungsort der sogenannten Feldköche. Das Ergebnis ihres Schaffens ist eine nicht näher identifizierbare und gegen die Grundsätze des Menschenrechts verstoßende Drei-Komponenten-Mahlzeit, die mangels richtigen Geschirrs in einem hohen, unpraktischen Gefäß (bei der Bundeswehr auch Kochgeschirr genannt) zu einer breiähnlichen Substanz vermengt wird. Im Einsatz ist der Soldat den Feldköchen hilflos ausgeliefert: »Friss oder stirb!« lautet das Prinzip. Ob die sofortige Hinrichtung eines Feldkochs als Akt der Notwehr gedeckt ist, konnte bislang noch nicht geklärt werden.

Feldverpflegung: Sollte der Übungsplatz nahe der Kaserne liegen, macht sich der Spieß so gegen Mittag auf, um seinen Rekruten das vorzügliche Kantinenessen zum Übungsplatz zu fahren.

Feld-, Wald- und Wiesenwebel: Der Kompaniefeldwebel, dessen Dienstgradbezeichnung den steigenden Beanspruchungen angepasst wurde.

Feldwebel: Er ist nur selten im Feld anzutreffen. Das liegt daran, dass diese meistens auf ihren mangels körperlicher Aktivität schon etwas breit gewordenem Hinterteil hinter einem Schreibtisch sitzen. Aber dessen ungeachtet: Sie sind die einzig ernst zu nehmenden Vorgesetzten bei der Bundeswehr, da sie aufgrund ihrer Dienstzeit erfahrener sind als Unteroffiziere und dank ihres direkteren Kontakts zur Truppe besser Bescheid wissen als die oftmals nur theoretisch ausgebildeten Offiziere.

Fettstein: Auch Butter, wie die U-Boot-Fahrer sagen würden.

Feuerstöpsel: Glänzt selbst in absoluter Dunkelheit – das Manöverpatronengerät.

FFOBZB: **F**eld**f**ernsprecher **O**rts**b**atteriebetrieb **Z**entral**b**atteriebetrieb. Ein abhörsicheres, kabelbetriebenes Relikt aus den vergangenen Kriegen. Es dient zur Verständigung über kleinere Entfernungen. Wer dieses Relikt aber als »Telefon« bezeichnet, wird umgehend angeschissen.

Flaggenparade: Ein immer wiederkehrendes feierliches Zeremoniell, bei dem mit viel Firlefanz und Brimborium die Deutschlandfahne gehisst bzw. niedergeholt wird. Während der Dauer dieser Zeremonie haben alle Wachsoldaten mit Front zur Flagge stillzustehen und dem Stück Stoff den Gruß zu erweisen.

Flammenwerfer: Inoffizieller Brenner

Flecktarn: Das Olivgrün ist tot, es lebe der Flecktarn. Das Vorrecht der Amis ist endlich gebrochen – nun darf auch der gemeine Bundeswehrsoldat in seiner Uniform cool aussehen. Das ist der erste modische Fortschritt der Bundeswehr.

Fledermaus: Durch die Schlaufen der Kampfstiefel wird ein Besenstiel geschoben und anschließend zwischen zwei Spinden aufgehängt. Der Träger der Stiefel hängt nun mit dem Kopf nach unten zwischen den Spinden. Ein unkameradschaftlicher Soldat wird so von seinen Kameraden »diszipliniert«.

Flicken: Dienstgrad ab Unteroffizier (Uffz)

Fliegende Fische: Das Marinefliegergeschwader des Bundes

Flieger: Ist der niedrigste Dienstgrad der Luftwaffe und der Heeresflieger. Im Gegensatz zu den Neulingen anderer Einheiten, die allesamt Schulterglatze tragen, sind Flieger berechtigt, Schulterklappen mit »Schwingen« zu tragen.

Flieger (2): Diese sind die Helden der Lüfte. Sie bemühen sich stets um einen arroganten Unterton in ihrer Stimme und riechen unerträglich nach Rasierwasser.

Fliegermarsch: Der Fliegermarsch funktioniert folgendermaßen: Der Zug marschiert in Reihe zu einem Glied hintereinander und singt ein Liedchen – natürlich unter ABC-Schutz. Dabei läuft der vorderste Soldat rechtsherum um den gesamten Zug und marschiert wieder vorne angekommen total am Ende weiter. Das Gleiche macht dann der zweite, der dritte usw. Und das ganze natürlich auch im Laufschritt. Gretchenfrage: Gelten die Genfer Konventionen auch innerhalb der Truppe?

Föhn: Anderes Wort für den guten, alten Anschiss. So laut und so nah, dass es einem förmlich die Haare zurückföhnt.

Förmliche: Ist die Kurzform der förmlichen Anerkennung und das komplette Gegenteil der Diszi. Eine »Förmliche Anerkennung« ist ein schriftliches Lob, das am Schwarzen Brett aushängt und beim Antreten vor der Kompanie bekannt gegeben wird.

Fozl: Wieder Bundeswehr-Slang für »**F**unker **o**hne **z**ählbare **L**age«.

Frauen: Wohlproportionierte Geschöpfe, die der gemeine Soldat bis vor nicht allzu langer Zeit nur von Postern oder Heftchen in seinem Spind her kannte. Mittlerweile sind sie, auch in bekleideter Ausführung, vor dem Spind anzutreffen.

Freitag nach Dienst – Montag zum Dienst: Wichtige Zusätze in einem Urlaubsantrag, die einem meistens ein Wochenende retten. Mit diesen Eintragungen kann man nicht mal eben zu einer Sonnabend-Wache herangezogen werden.

Frieden: Bekommt man, wenn man den Sicherungshebel beim G3 auf »F« stellt ...

Freizeit: Siehe Saufen

Fuchs, auch: Fux: Wehrpflichtiger bei den Fernmeldern und in der Grundausbildung. »Fuchs« kommt von der Abkürzung »Fu« für den dort niedrigsten Rang – Funker.

Füchse: Sind eine geballte Ladung an Inkompetenz.

Fuchskarte: Plastikkarte mit einem stilisierten Fuchskopf und den Worten »Aus is, du Fux«. Als Ausscheider trägt man sie in der rechten Brusttasche, um sie jederzeit schlechterlagigen Soldaten präsentieren zu können. Die Fuchskarte darf von schlechterlagigen Soldaten nicht berührt werden. Wenn doch, schuldet der schlechterlagige Soldat dem Ausscheider einige Biere.

Führungstruppen: Diese sind zu rein gar nichts zu gebrauchen.

Fünf-Punkte-Landung: Wird von Fallschirmjägern folgendermaßen ausgeführt: Fuß – Knie – Kopf – Kopf – Kopf.

Funkspanner: Die Audioerotiker von der Fernmeldeaufklärung, die den ganzen Tag lauschen, was der Feind so Nettes in den Äther haucht.

Funktionsprüfung: Wird beim G3 und bei der P1 durchgeführt, nachdem diese gereinigt wurden. Dazu wird der Spanhebel mehrmals vor und zurück bewegt. Es wird aber anschließend kein Schuss abgegeben. Funktionsprüfung! Alles klar, oder?

FvD: **F**rei **v**om **D**ienst, gewissermaßen erlaubtes EA.

G3: Ist die Braut des Soldaten. Zielgenau auf drei Meter auf ein Scheunentor.

G36: Das Nachfolgermodell der G3. Wurde eingeführt, da der Großteil der G3s schon doppelt so alt war wie die Schützen. Schafft das Scheunentor nun auf vier Meter.

Ganzkörperkondom: Vollgummi-Schutzanzug der ABC-Abwehrtruppe. Kein Tröpfchen kommt rein, kein Tröpfchen kommt raus ...

Gasmaske: Eigentlich die ABC-Schutzmaske

GAT/MILA etc.: Bezeichnung für sportliche Schikane. Aus marketingstrategischen Gründen wird der Begriff des Öfteren gewechselt.

Gebirgsjäger: Begeisterte Skifahrer, die den Sommer mit Gebirgstouren und Edelweißpflücken überbrücken.

GeDo: Gemeinschaftliches Dienstobjekt! Das Wort »GeDo« mit sächsischen Dialekt gesprochen, erinnert einen dagegen an Konsum und HO!

Gefechtsfelderdbeeren/Kampferdbeeren: Tragen einen roten Schalter als Kopfschmuck.

Gefechtsfeldtaxi: Der Schützenpanzer Marder unter Panzerjägern.

Geige, erste: Die erste Geige ist diese attraktive blaue Uniform der Marine, mit der die Matrosen die Frauen total verrückt machen.

Geländeanzug: Wenn dieser getragen wird, geht es meist ins Gelände. Das bedeutet Quälerei und damit auch Hochkonjunktur für den San-Bereich.

Geländebeurteilung: In der Praxis bedeutet das, dass der Rekrut allerschnellstens die Grenzen des Truppenübungsplatzes ausfindig machen muss. Der Rekrut kann sich dann bei dem sehr beliebten Melderspielchen ein bis zwei Stunden fernab aller Vorgesetzten in die Sonne legen. Danach macht er sich wunderbar erholt auf den Weg zu seinem Zielort. Und erst dort betritt er wieder das Übungsgelände, legt natürlich nur die letzten Meter in der tiefsten Gangart zurück, taucht dann ungesehen wieder auf und macht Meldung. Meistens bekommt man für diese unverschämte Faulenzerei auch noch ein dickes Lob. Aber im Krieg sind ja bekanntlich alle Listen erlaubt.

Geländemoped: Schützenpanzer

Gelbland, Lilaland, Grünland: Moderne Feindbilder, da »Rotland« aus Gründen der Political Correctness als Gegner nicht mehr infrage kommt.

Gelöbnis: Grundwehrdienstleistende schwören der Bundeswehr nicht die Treue bei der Vereidigung, sondern geloben die Treue. Der Grund: Sie können es sich ja nach der Wehrdienstzeit noch mal anders überlegen.

Gemsengrenadier: Gebirgsjäger

Gerätebegleitheft: Der Truppenausweis für das Heer

Geräuschtarnung: Hört man dieses Kommando, darf im Felde jeder Furz nur noch schallgedämpft abgegeben werden.

Gerödel: Todschicke Accessoires, die mit Rödelriemen christbaumschmuckartig am Soldaten befestigt werden.

Gerümpelwart: Versorgungsuffz.

Gesang: Fast alle Ausbilder sind glühende Verehrer des gesungenen Wortes und leben diese Leidenschaft fast täglich an ihren Rekruten aus.

Gesellschaftsspiel: Hat acht Buchstaben und ist bei Ausbildern äußerst beliebt: ABC-ALARM.

Gesichtspariser: ABC-Schutzmaske

Gewindeputzer: Technische Truppe der Bundeswehr

GeZi: So wird im militärischen Abkürzungswahn das **Ge**schäfts**zi**mmer bezeichnet.

GeZi-Schlampe: Geschäftszimmersoldat

Gleichschritt: 79 Zentimeter Abstand sind schwul, 81 Zentimeter Fahnenflucht!

Gleiten: Tiefste Gangart: Mit der Nase eine Furche ziehen, die mit dem Schwanz wieder geschlossen wird.

Goldene Überlebensregel: Nur nicht auffallen! Weder positiv noch negativ. Wenn der Zugführer bereits am dritten Tag den eigenen Namen kennt, dann hat man schon verloren. Tipp: Am Ende der Dienstzeit sollte keiner so genau sagen können, ob man überhaupt da war.

Goldener Schuss: Das ist nicht eine Überdosis harter Drogen bzw. ein unschöner Tod auf einem Bahnhofsklo. Der Rekrut versteht unter einem goldenen Schuss vielmehr den letzten Schuss, den er während seiner Dienstzeit abgibt.

Goose-Bay-Taufe: Irrsinniges Saufgelage. Alle, die zum ersten Mal in Goose Bay (in Kanada) sind, dürfen dann seltsame Dinge machen.

Granatenstemmer: Siehe Artillerie.

Gräserkunde, praktische: Ist eine Geländeübung, während der man alle niedrig wachsenden Pflanzen der heimischen Fauna und Flora aufgrund der vorwiegend bodennahen Betätigung kennenlernen darf.

Grenni: Diese pflegen sich besonders tief einzugraben, daher gilt: »Tritt nie auf einen grünen Stein, es könnt ein Grenni drunter sein.«

Grün: Grün, grün, grün sind alle meine Kleider, grün, grün, grün ist alles, was ich hab, darum lieb ich, alles, was so grün ist, weil mein Schatz ein... na ja wohl eher olivgrün.

Grundausbildung: Auch kurz »Grundi« genannt. Diese heißt so, weil in dieser Zeit der Ausbildung die Rekruten sich weitgehend in unmittelbarer Nähe zum Erdboden befinden.

Grundausbilder: Eine in Kasernen beheimatete menschenähnliche Lebensform, an die man sich angeblich noch erinnern kann, wenn man Vater und Mutter, Oma und Opa, Tante und Onkel schon längst vergessen hat.

Grundrechte: Die im Grundgesetz jedem Bürger garantierten Grundrechte gelten grundsätzlich auch für Soldaten. Sofern nicht anders befohlen. Also eher nicht!

Grundstellung: Der Soldat steht mucksmäuschenstill, die Füße stehen mit den Versen aneinander, die Fußspitzen zeigen in einem Winkel von 60 Grad nach außen. Das Körpergewicht tragen beide Füße gleichmäßig, die Knie sind komplett durchgedrückt, der Oberkörper aufrecht, die Brust vorgewölbt (einatmen und Luft anhalten), die Schultern auf gleicher Höhe. Der Kopf wird aufrecht gehalten, der Blick ist geradeaus gerichtet, der Mund ist zu. Die Arme liegen an der Seite, etwa eine Handbreit zwischen Ellenbogen und Körper. Die Finger sind geschlossen und liegen mit dem Handrücken nach außen am Oberschenkel. Die gekrümmten Finger berühren die Handfläche, der Daumen liegt ausgestreckt am gekrümmten Zeigefinger. Perfekt!

Grüner Bereich / Roter Bereich: »Alles im grünen Bereich« bezeichnet militärisch knapp, dass alles okay ist. »Alles im roten Bereich« bezeichnet militärisch knapp, dass die Kacke mächtig am Dampfen ist.

Gruppenführer: Jeder kann Gruppenführer werden, wenn er die Begriffe »antreten«, »wegtreten«, »Schuhputz verbessern« und »Stelluuhhhnnng!« halbwegs fehlerfrei aussprechen kann.

Gruß: Ist die vom Untergebenen zum Ausbilder durch das Anlegen der Hand an die schicke Kopfbedeckung erbrachte Ehrerbietung. Da aber der Rekrut aufgrund des täglich neu inszenierten Wahnsinns kaum noch in der Lage ist, vor einem Vorgesetzten Achtung zu empfinden, wird der Gruß nach Abschluss der Grundausbildung unterlassen. Die meisten Ausbilder sind auch schlau genug, zugunsten der Arbeitsmoral auf diese ebenso überflüssige wie lächerliche Form militärischer Machtprotzerei zu verzichten.

GST-weiß: Eine inoffizielle Disziplinarmaßnahme gegen rebellische Neulinge. Gang, Scheißhaus und Treppe werden dazu mit einem stark schäumenden Waschpulver bestreut, die der Verräter unter Aufsicht nass zu reinigen hat.

Gummisau/-bär: Vollgummianzug der ABC-Truppe. Würde selbst Micky Maus in einen Gummifetischisten verwandeln.

GvD: Gefreiter vom Dienst. Dieser hilft dem UvD aufzupassen, dass der Block nicht davonläuft.

Hackengas!: Bundeswehrjargon für Tempo.

Hallo und herzlich willkommen: So wird man nur auf PR-Veranstaltungen des Bundes begrüßt, und zwar bevor man unterschrieben hat.

Hände: Eine Hand in der Tasche ist lässig, zwei allerdings unzulässig.

Handgranatenwurfstand: Des Resis Spind

Handy: Dient zur Verständigung im Feld. Funktioniert aber auch im tiefsten Übungsraum. Ist dank moderner Technik sowieso abhörsicherer als die dienstlich gelieferten Uralt-Funkgurken.

Hängolin: Dieses Hormon wird angeblich in Bundeswehrkantinen schon seit einiger Zeit in das Essen gemischt. Hängolin soll bewirken, dass der Rekrut auch nach vielen Wochen ununterbrochenen Dienstes nicht breitbeinig laufen muss, wenn ihm am Haupttor eine Frau begegnen sollte. Ungeklärt sind jedoch die Langzeitfolgen, die aus der extremen Einnahme dieses Viagra-Gegenmittels resultieren könnten.

Hat: Ist ein Marschbefehl, der zum stilvollem Schlendergang auffordert.

Hat-Hat: Der fortführende Marschbefehl von Hat. Hier wird der Körper mit sämtlichen mitgeführten Ausrüstungsgegenständen in eine schweißtreibende Gangart versetzt. Das Tempo reicht bald aus, um bei der Olympiade den Marathonlauf mit einer Stunde Vorsprung zu gewinnen, und zwar mit Gepäck.

Haubitzenknaller: Eine Waffengattung der Artillerie.

Hauptmann: Ein Offizier, der nichts kann, aber doch so tut, als ob er alles könnte.

HAWK: Luftabwehrrakete. Oder »Heute Alles Wieder Kaputt«, »Holiday And Weekend Killer« oder »Hau Ab, Wenn's Knallt«.

Heckklappensurfer: Panzergrenadiere

Heimscheißer: Heimschläfer

Heizdüse/Heißdüse: Siehe auch Brenner

Heizspirale/Heizdrähte: Offiziersanwärter mit einer silberfarbenen, aufsteckbareren »Heizspirale« auf den Schultern.

HiBa: Hindernisbahn

Hilfsmittel: Sind meist nicht gestattet bzw. verboten wie z. B. Schulterpolster für den Gurt der ABC-Tasche, Karabiner, um die ABC-Tasche am Koppel abzustützen, oder Waffenöl (statt des dienstlich gelieferten Altöls). Ein Wunder, dass Wattestäbchen, Pfeifenreiniger und Zahnstocher zum Waffenreinigen benutzt werden dürfen.

Himmelskasper: Militärgeistlicher

Hofballett: Übung in der Grundausbildung: Antreten, wegtreten, antreten, wegtreten ...

Holzstoßgeneral: Diesen Beinamen hat der Stabsgefreite wegen seiner vier übereinandergestapelten Balken.

HONK: Hauptschüler Ohne Nennenswerte Kenntnisse.

Hören und Sehen bei Nacht: Eine Übung die dazu gedacht ist, den AGAnauten zu veranschaulichen, wie man sich bei Nacht benimmt.

Hörschaden: Krankheit, die die Hörfähigkeit der Betroffenen betrifft. Normalerweise lässt die Hörfähigkeit erst im Alter nach. Beim Bund jedoch sind erschreckend viele junge Uffze und StUffze von diesem Leiden betroffen. Viele von ihnen sind sogar schon nicht mehr in der Lage, Antworten wahrzunehmen, die von Rekruten unterhalb eines Schallpegels von 120 Dezibel gegeben werden. Da leider die Anzahl der an Hörschäden leidenden Ausbilder signifikant über dem bundesdeutschen Mittelwert liegt, muss die Ursache ihrer Schwerhörigkeit in den Kasernen gesucht werden. Schießübungen fallen aber wegen des befohlenen Gehörschutzes als Ursache aus.

Hosengummis: Mit diesen befestigt man die Hosenbeine sportlich-leger an den Waden.

Hufeisengefreiter: StUffz

Hufeisenträger: An ihren Hufeisen auf den Schultern haben Unteroffiziere schwer zu tragen.

Hundemarke: Oder auch Erkennungsmarke. Neulinge tragen diese um ihren Hals, wahre Soldaten (Gefreiter W15) an der Riemenschlaufe, gewesene Soldaten am Zeh.

Hurrageschrei, lautes: Unter diesem hat der Rekrut den Feind im Sturm niederzukämpfen.

Hut, knitterfrei: Stahlhelm. Dieser ist nicht klimatisiert.

I

Idiotenrennbahn: Siehe Schweinerennbahn

Infanterist: Rekrut, der einen sehr engen und innigen Kontakt zu Mutter Natur hat. Der Horizont ist für ihn das Büschel Gras vor seiner Nase. Und es wird gemunkelt, dass sein geistiger Horizont auch nicht viel weiter reicht.

Innendienstorden: Bezeichnung für eine äußert schicke Kette aus schwarz-rot-goldenen Büroklammern, die an der linken Brusttasche getragen wird.

Innere Führung: ist ein vom Bund geprägter Euphemismus. Der ursprüngliche Arbeitstitel »Theoretische Konzepte moderner Sklavenhaltung – Zucht, Drill und geistige Entmündigung« klang einfach viel zu negativ.

Insten: Kurzform (Verb) für »Instandsetzungstätigkeiten durchführen«.

ich inste
du inst
er instet
wir insten
sie insten
ihr instet

IQ: Ist bei vielen Dienstgraden mit dem einer Schnecke vergleichbar. Ohne gleich Schnecken zu nahe treten zu wollen.

Is' so: Einfache militärische Erklärung mit vier Buchstaben.

Jäger: Sind die ärmsten Schweine. Sie müssen auch nach Abschluss der AGA noch das volle Programm durchziehen.

Jawoll-Stube: Kompaniegeschäftszimmer

Jungfüchse/Litzenfüchse: Jungfüchse sind Soldaten in der Grundausbildung, Litzenfüchse haben diese bereits hinter sich gebracht und warten auf ihren ersten Streifen.

Kabelbongos: Baufernmeldesoldaten, die bei Übungen mit tonnenschweren Kabeltrommeln durch die Landschaft pilgern und Strippen ziehen.

Kaffeemaschine: Das Einzige, was in einer Stammeinheit kontinuierlich in Aktion ist.

Kaleu: Kapitän**leu**tnant. Ein sehr seltsamer Dienstgrad irgendwo zwischen Leutnant und Kapitän zur See.

Kaltgetränk: Einziges Getränk in Bundeswehrkantinen. Wässrigeres Gesöff mit Fruchtkonzentrat. Einfach widerlich.

Kamerad: Ein Kamerad bei der Bundeswehr ist für den Soldaten das, was für einen Bergmann der Kumpel ist.

Kampfanzug, Nacht, einfach, blau: Schlafanzug

Kampfanzug, san.: Der Trainingsanzug vom Bund, der nicht nur von Sportlern und Neulingen getragen wird, sondern auch von Abseilern. (Dieser ist zur Krankmeldung im Sanitätsbereich zwingend vorgeschrieben.)

Kampfkarpfen: Kampfschwimmer

Kampfsaft/Krampfsaft: Siehe Kaltgetränk

Kampfschwimmer: Militärische Kampfwesen. Wesen deshalb, weil es noch unklar ist, ob man Kampfschwimmer der Gattung der Fische oder doch Menschen zuordnen muss.

Kanne: Auch Kantine. Dort verbringt der Rekrut den Großteil seiner Dienst- und Freizeit. Delegieren ist alles.

Kanonierstaufe: Nach dem ersten Schuss mit einer Panzerhaubitze wird der Kanonier mit einem Arschtritt aus der Panzerhaubitze befördert, dann muss er um eine Antenne im Kreis rennen (da gibt's aber viele Varianten), und dann wird er im Gesicht mit Ruß aus dem Rohr der Haubitze bemalt. Erst danach bekommt er seine Litzen.

Kaputtwarten/-pflegen: Aufgrund der ständigen Beschäftigungslosigkeit der technischen Truppe kommt es ständg vor, dass technisch einwandfreie Geräte so oft auseinander genommen und wieder zusammengebaut werden, bis sie irgendwann tatsächlich kaputt sind.

Karten: Material zur Orientierung im Gelände

Kartoffelschleuder/Kartoffelschmeißmaschine: Feldhaubitze

Kartuschenwichser: Artilleriesoldaten

Kaserne: Großer Spielplatz für Männer mit ausgelagertem Sandkasten.

Kasernenbegehung: Militärische Bezeichnung für eine Betriebsbesichtigung. Neulingen sei aber nahegelegt, am Ende einer Kasernenbegehung unbedingt den Mund zu halten und nicht etwa noch mal nach dem Weg zur Kantine zu fragen. Fragen wie diese haben dann unweigerlich eine weitere Kasernenbegehung zur Folge, und der Depp, der diese dämliche Frage stellte, hat es sich bis Dienstzeitende bei seinen Kameraden verschissen.

Kasernen-Sheriff: Standortältester

Katholikenkotelett: Kleine Anspielung auf das Fischgericht jeden Freitag

Kehlkopf-BH: Bundeswehr-Krawatte

Kettenbrunzer: Was für einen Hund der Baum, ist für einen Panzersoldaten die Panzerkette.

Kettengesichter: Panzersoldaten. Dieser Begriff stammt von der alten Weisheit »schmal denken, breit fahren«.

Kiste: Ein anderes Wort für Maus oder Neuling.

Klappdrachen: Bezeichnung für den Tornado, da er ein Schwenkflügler ist.

Klappspaten: Auch NATO-Bagger genannt. Instrument zur Erzeugung von Schwielen und Blasen an den Innenflächen beider Hände. Zur Not kann man damit tiefe Löcher schaufeln (Schützengräben), dem Feind den Schädel spalten oder Spiegeleier darauf braten. Ich hab auch schon gehört, dass manche damit Bäume fällen können.

Kleiner Dienstanzug: Abgespeckter großer Diener

Klemmen: Bundeswehreigentum aus Lagerbeständen in das Privateigentum überführen

Klopapier: Drei Blatt pro Mann und Tag

Klopperheft: Besondere Form des Schmuddelheftchens.

Knallfrosch: Handgranate

Knallfrosch-Dropping: Spiel, in dem die babyblauen Übungshandgranaten scharf gemacht und in die Toiletten geworfen werden.

Knatterlatte/Knallstock/Plempe: Das G3, des Soldaten »Braut«.

Knicklicht: Bezaubernd (natürlich) grün leuchtendes Chemie-Stäbchen, die während eines Manövers vorzugsweise die Unterkünfte der Zugführer beleuchten.

Knüppelaffe: Feldjäger

Koffer: Auch Frischlinge, Mäuse und Kisten. Werden so bezeichnet, weil frisch eingetroffene Soldaten für eine Weile einen Kofferanhänger mit ihren Namen am Hemdknopf tragen müssen.

Kompanieabend: Lustigkeit kann befohlen werden. Also ein kollektives Besäufnis.

Kompaniezebra: Hauptgefreiter. Hat auf den Schultern mehr Streifen als das gleichnamige Tier.

Kopfbedeckung: Der richtige Sitz einer Kopfbedeckung (Barett, Schiffchen, Schirmmütze) ist beim Bund wichtiger als die ordnungsgemäße Funktionsweise des Körperteils, auf dem diese sitzt.

Koppel: Ein zweckmäßiger, olivgrüner Gürtel, dient zur Befestigung von allerlei Zeugs. Auch zur schnellen, optischen Unterscheidung von Unteroffizieren kann das Koppel zurate gezogen werden:

- Bis zum Feldwebel wird das Koppel über dem Bauch getragen.
- Ab Feldwebel wird der Bauch über dem Koppel getragen. Wird auch Bauchbremse genannt.

Krampfaderngeschwader: Sehr boshafte Bezeichnung für das unattraktive weibliche Küchenpersonal. Wer beim Anblick dieser »Beautys« auf unkeusche Gedanken kommt, hat Anti-Aphrodisiakum Hängolin wahrlich nötig ...

Krankheit: Ernsthaft krank zu werden ist keine gute Idee während der Dienstzeit. Im Falle einer ernsthaften Krankheit wäre es für den betreffenden Rekruten besser, sich in die Hände eines mittelalterlichen Barbiers oder einer Kräuterhexe zu begeben. Es grenzt schon an ein unglaubliches Wunder, wenn die Bundeswehrärzte eine Erkältung ohne Facharztüberweisung kurieren können.
Männliche Ärzte stempeln jeden Wehrpflichtigen schon im Vorhinein als Simulanten ab und ersparen sich deshalb die Mühe einer Diagnose. Bei den Ärztinnen sieht es ähnlich aus. Im Gegensatz zu den meisten ihrer männlichen Kollegen zeigen sie zumindest ansatzweise so etwas wie Motivation. Aufgrund dieser Umstände kann es deshalb in einigen besonderen Fällen ratsam sein, sich über die Vorschriften hinwegzusetzen und einen richtigen Arzt außerhalb der Bundeswehr aufzusuchen. Die eigene Gesundheit sollte es einem wert sein.

Krankmeldung: Die Pflichtübung eines jeden Soldaten. Denn jeder Soldat weiß: Je länger er als »krank zu Hause« geführt wird, umso mehr Geld bekommt er.

Krawalleier: Handgranaten

Kreta: Bundeswehreigenes Mallorca

KrKw: Abkürzung für **Kr**anken**k**raft**w**agen

Krumm: Noch ein Begriff, mit dem man Mäuse betiteln kann.

Kübel: VW-Kübelwagen, mit dem man bei Sonnenschein das echte Cabrio-Erlebnis hat. Bei Regen merkt man aber schnell, dass man kübelweise das Regenwasser aus dem Fußraum schöpfen muss, weil das blöde Ding einfach überall leckt.

KZH: Krank **z**u **H**ause. Der Traum eines jeden Soldaten, da er während der Zeit, die er zu Hause ist, sowohl Essensgeld als auch den Wehrsold ausgezahlt bekommt und damit ungefähr das Doppelte verdient wie seine in der Kaserne schwitzenden Kameraden.

KZH bis DZE: Krank **z**u **H**ause bis **D**ienst**z**eit**e**nde – Es gibt wohl keinen Soldaten, der diesen Traum noch nicht geträumt hat …

LiL: Leutnant in Lauerstellung, ein Fähnrich

LaDuDi: Laufen – **Du**schen – **Di**enstschluss

Lage: Die verbleibende Dienstzeit, wird in Tagen angegeben.

Lagekette: Die Lagerkette umfasst zehn Glieder einer Gewehrputzkette. Für jeden Monat, den man hinter sich gebracht hat, wird ein Glied der Kette abgetrennt. Die Lagekette muss grundsätzlich immer am Mann getragen werden und auf Verlangen dem Ausscheider, von dem man sie bekommen hat, gezeigt werden. Kann man dies nicht, liegt es am Ausscheider, die Strafe zu bestimmen.

Lagerfeuer: DIE Möglichkeit, alle Reste vom Biwak zu entsorgen. Alles Brennbare wandert in die lodernden Flammen, und was nicht brennt? Das kann befohlen werden!

Lametta: Derlei haben Dienstgrade ab Major und höher auf der Schulter.

Landebahnschrubber/-gärtner: Luftwaffenbodenpersonal

Landser: Andere Bezeichnung für Wehrpflichtige. Diese wird vor allem von höheren Dienstgraden gebraucht.

Laufschritt: Ist nach dem »Gleiten« beim Bund die wohl beliebteste Fortbewegungsart. Übrigens steigt die Wahrscheinlichkeit proportional zur Schwere des Marschgepäcks, dass Laufschritt befohlen wird.

Lefty, Lolli: Inoffizielle Bezeichnung für einen Leutnant

Legoflinte: Wegen des sehr hohen Plastikanteils wird der G3-Ersatz G36 so genannt.

Leistungs-HG: Obergefreiter, der einen Monat vor seinem Dienstzeitende wegen guter dienstlicher Leistung und Führung zum Hauptgefreiten »geschlagen« wird. Meist werden die 50 Euro Erhöhung des Wehrsolds am gleichen Abend versoffen.

Leutnantslehrling: Fahnenjunker

Lichtblitz!!!: Ist der Befehl, sich mit dem Bauch auf sein Gewehr zu legen, die Kronjuwelen mit den Händen zu schützen und sich vorzustellen, dass gerade eine Atombombe über einem explodiert.

Liebestöter: Kennt man sonst eher bei Frauen, hier aber lange, weiß-gelbe Feinripp-Unterhosen mit »NVA«-Aufdruck. Sie stammen aus der Zeit des Warschauer Paktes und sind des Recyclings wegen von der Bundeswehr übernommen worden. Die langen, olivgrünen Bundeswehr-unterhosen sind aber auch nicht viel besser und die Lachnummer in jedem Schlafzimmer.

LKU: Abkürzung für **L**ebens**k**undlicher **U**nterricht. Es beinhaltet ein zwei-stündiges Tiefschlaftraining für Rekruten. Leider verpassen die meisten Soldaten wegen ihres extremen Schlafdefizites die außergewöhnlich interessanten Ausführungen des Standortpredigers, warum ein abge-triebener Embryo für Gott eine schwerere Sünde ist als ein von Kugeln und Granaten zerfetzter feindlicher Soldat. Tipp: Die Teilnahme erfolgt auf absolut freiwilliger Basis. Von Nichtteilnehmern wird allerdings erwartet bzw. ihnen wird befohlen, dass sie unter Aufsicht die Latrinen putzen oder eine mehrseitige schriftliche Erklärung über ihre Nichtteilnahme verfassen.

Locken: Fünf Minuten vor dem Wecken wird der Marinesoldat gewarnt, dass er bald geweckt wird. Siehe Kapitel mit Wecksprüchen

Logistiktruppen: Dahinter steckt der Leitgedanke: Wo die Logik endet, beginnt die Logistik.

LRB/LRS: Luft**r**aum**b**eobachter/**L**uft**r**aum**s**päher. Der Realität um Welten näher als dieser exakte amtliche Begriff kommt allerdings die Bedeutung **L**iegen – **R**uhen – **B**räunen.

Luchs: Leises Aufklärungsfahrzeug. Soll der Überlieferung nach etwas lauter sein, wenn man es mit Ersatzteilen zum Laufen kriegt. Natürliche Umgebung: Instandsetzung oder ganz hinten in der Panzerhalle.

Luftlandespanner: Fernspäher

Luftraumspäher/ Vogelbeobachter: Ist auf Kfz-Märschen die arme Sau, die auf der Sitzbank des Tonners stehend die Rübe durch die Dachluke stecken muss, um den Luftraum zu beobachten. Das ist besonders prickelnd bei Hagel- und Schneestürmen ...

Lukenhopser: Fallschirmjäger

Lungerlohn: Anwesenheitsprämie wäre die inhaltlich passende Bezeichnung.

Lustwiese: Truppenübungsplatz. Lust empfinden tut an diesem Ort jedoch nur der Vorgesetzte. Hier darf er so richtig wild schikanieren und Rekruten quälen.

LvD: Läufer **v**om **D**ienst.

Machen-tun: Eine bei Ausbildern sehr beliebte Redewendung. Das »Machen-tun«, wird in der Form von: »Wir wollen heute ... machen tun« gebraucht. An Stelle der drei Punkte kann jedes beliebige Verb eingesetzt werden (rödeln, reinigen, laufen etc.).

MAD: Leider nicht das von Fred Feuerstein redaktionell betreute Satiremagazin, sondern eine Abkürzung für den **M**ilitärische **A**bschirm**d**ienst. Gemeinsamkeiten zwischen dem militärischen MAD und dem Magazin MAD finden sich nur in der fachlichen Qualifikation der Mitarbeiter. Mit leichten Vorteil zugunsten des Magazins.

Mädchen, junge: »Der Feind benutzt sehr oft junge Mädchen zu Spionagediensten«, warnt das Taschenbuch für Wehrausbildung den jungen und triebstaugeplagten Rekruten auf Ausgang. Aber wenn man da so an lange und einsame Nächte in einer am Arsch der Welt liegenden Kaserne mitten in den Wäldern denkt ... Verdammte Scheiße, WO SIND DENN DIE ROTEN, WENN MAN(N) SIE MAL BRAUCHT? WO?

(am) Mann: Jeder Soldat hat immer eine Unzahl an Ausrüstungsgegenständen bei sich zu tragen. Vom Schießbuch über den Truppenausweis bis zur Erkennungsmarke. Da aber, wie schon bei anderen Beispielen gesehen, zivile Wortkombinationen im militärischen Wortschatz verpönt sind, heißt es nicht: »Den Ausweis haben Sie stets bei sich zu tragen!«, sondern: »Der Ausweis ist stets am Mann!«

Mannschaftsgeneral: Stabsgefreiter. Aber meistens einer, der sich verpflichtet, die Uffz-Prüfung aber nicht bestanden hat.

Manöver: Oder auch ein kleiner Betriebsausflug, ist eine Frischluftbetätigung über einen Zeitraum von mehreren Tagen.

MannHeim: »Wohin gehste«? – »MannHeim«. Damit ist nicht die gleichnamige Stadt in Baden-Württemberg gemeint, sondern es ist der Begriff, der besagt, dass man das Mannschaftsheim aufzusuchen hat. Es ist auch einer der beliebtesten Aufenthaltsorte in der Kaserne, in dem auch fast jeder Rekrut die NATO-Pause und einen Großteil seiner Freizeit verbringt. Das MannHeim ist eine Mischung aus Restaurant, Kneipe und Tante-Emma-Laden, wo der Wehrpflichtige alles erstehen kann, was er in der Kaserne braucht. Also Alkohol, Gummibärchen und Tittenhefte.

Marsch: Märsche werden in der Grundausbildung auf des Schusters Rappen durchgeführt und führen aufgrund des unangenehmen Schuhwerks zu großflächigen, eiternden Blasen an den Füßen. Einen Marsch zu verweigern ist in den wenigsten Fällen erfolgreich und hat zur Folge, dass dem fußkranken Rekruten der Marsch zusätzlich auch noch geblasen wird.

Marsch, marsch: Direkte und gebrüllte Aufforderung an den Rekruten, den ARSCH in treuer Pflichterfüllung so schnell wie nur irgend möglich zu bewegen. Nur außerhalb der Kompanie anzuwenden, da es den Befehl in ihr nicht gibt!!! (bitte nicht fragen ...)

Marscherleichterung: Sollte jeder Marschteilnehmer haben. Um diese zu beanspruchen, sollte man wie folgt vorgehen: Warten, bis der Ausbilder auf das Gejammer eines Kameraden mit einem Ausbilderspruch reagiert (wie z. B. »Alles, was uns nicht umbringt, macht uns härter.«). Jetzt aufgepasst: Nun den Ehrgeiz des Ausbilders herausfordern. Vor der kompletten Gruppe bezweifeln, dass er selbst unter erschwerten Bedingungen diesen Marsch nicht durchstehen würde. 15 Minuten später anfangen zu humpeln ...

Maßband: siehe »Das Maßband-ZDv« im Kapitel »Rituale«, Seite 132

Maßband-Saufen: Die Ausscheider geben den Schlechterlagigen einen Maßkrug mit oben genanntem Maßband. Die Maß ist gefüllt mit allem, was Spaß macht und was man zur Hand hat (Bier, Schnaps, Wodka, Pfeffer, Wein, Salz ...). Dieses Gesöff muss nun auf ex ausgetrunken werden, damit man das heiß ersehnte Maßband rausnehmen kann. Nichtbestehen hat z. B. Spindwürfeln oder Ähnliches zur Folge.

Maskenball: Übung, bei der möglichst schnell die unterschiedlichsten Bekleidungsformen angelegt werden müssen. Siehe auch Fasching

Mastecke: Ein außerhalb der Kompanie gelegenes Gebiet, das jedem Rekruten ab Vize aufwärts, spätestens aber ab Uffz, bekannt sein sollte. Die Mastecke ist mit einem Grill oder zumindest mit einem Stellplatz für einen solchen ausgestattet und damit bestens geeignet für Partys jeder Art. Die Mastecke verfügt weiterhin über einen wie auch immer geformten Sichtschutz und ist damit allerbestens zum Abmatten geeignet.

Mat-Halle: Ist die Abkürzung der Materialhalle. Sie ist das Herzstück jeder Nachschubkompanie, in der auf unerklärlicher Weise das Wehrmaterial ständig abhanden zu kommen scheint. In der Mat-Halle wird das Abseilen zur Pflicht! Ausnahme: Der Soldat ist mit dem Beiseiteschaffen von zivil verwendbarem Wehrmaterial beschäftigt ...

Mauer: Ein Gebäudeteil in der Kaserne, dass nach Meinung der Vorgesetzten auch dann noch stehen bleibt, wenn der Rekrut es nicht mit der Schulter stützt.

Maus: Eine Maus ist ein Neuling in der Grundausbildung. Sie ist eine Art rechtloser Sklave, die der Willkür aller anderen Dienstgrade ausgeliefert ist. Sie hat kein Recht auf eine eigene Meinung und hat nur zu fiepen, wenn sie gefragt wird. Mäuse erkennt man an ihren Schulterglatzen. Nach sechs Monaten Dienstzeit (oder drei seit W10) verliert die Maus ihren Status und wird durch Erwerb der begehrten Pommes zum Gefreiten (und Vize bei W12ern). Mit den Schulterklappen hat sie gleichzeitig auch die Berechtigung erworben, nun ihrerseits die neuen Mäuse zu quälen.

Mäuseduschen: Der Höhepunkt einer jeden Resifeier. Und das geht so: Die verängstigten Mäuse werden mitten in der Nacht unsanft aus dem Bett geworfen und in ihrem babyblauen Schlafanzug, Stahlhelm, Koppel und Gasmaske unter die eiskalte Dusche gestellt. Dazu kommt noch, dass durch die Filteröffnung der Gasmaske ein Bier auf ex gezischt werden muss. Und das bedeutet wiederum, dass die Maus Bier in der Nase, Bier in den Augen und Bier einfach überall hat.

MEZ: **M**ama-**E**ntfernungs-**Z**uschlag: Der kilometergebundene Mobilitätszuschlag.

MG: die Abkürzung für das **M**aschinen**g**ewehr. Es ist fast unverändert seit dem Zweiten Weltkrieg im Dauereinsatz und darf deshalb auch bedenkenlos »tragbare Ladehemmung« genannt werden. Das Maschinengewehr ist wohl die schwerste Waffe (12 Kilogramm), die ein Wehrpflichtiger schleppen muss.

Micky Mäuse: Die an Kopfhörer erinnernden Ohrenschützer, die auf Schießständen getragen werden müssen. Aufgrund ihrer Form und der mausgrauen Farbe lassen sie jeden Rekruten aussehen wie – eine Micky Maus.

Migränestick: Gummiknüppel. Den gibt's beim Bund allerdings auch in blütenreinem Weiß.

Migränestickschwinger: Feldjäger

Minenschlepper: siehe: Pioniere

Mittagessen: Für das Mittagessen ist ein exakter Zeitansatz von 15 Minuten vorgesehen. Das sind ganze zehn Minuten mehr als für das Frühstück! Von diesen 15 Minuten steht man aber mindestens 14 Minuten an und muss sein Essen auf dem Weg zur Rückgabe zu sich nehmen bzw. verschlingen. Böse Zungen behaupten zudem, dass die Ausbildung den Rekruten auf den Krieg vorbereite, die Truppenküche hingegen auf die Gefangenschaft.

Mobilat: Ist ein Medikament, welches der Zivilist nur als Rheumasalbe kennt. In Bundeswehr-Sanitätsbereichen wird Mobilat allerdings als Allheilmittel gegen alle nur denkbaren und undenkbaren Krankheiten ausgegeben.

Modenschau: Leider beinhaltet sie keine Models, die den Rekruten die neuesten Tarnkleidungtrends präsentieren. Die Modenschau wird meist von Mäusen vor den Augen ihrer Ausbilder durchgeführt. Sie wird aber nur befohlen, wenn die Rekruten zum wiederholten Male nicht alle in einheitlicher Kleidung antreten.

Moon-Boots: Nein, das sind keine klobigen, warmen, unansehnlichen Winterschuhe, sondern eine Bezeichnung für die Überschuhe, die man über die Kampfstiefel ziehen kann, um das Eindringen von Wasser zu verhindern. Und schlüssigerweise werden diese nützlichen Dinger nur zum Maskenball getragen und natürlich nicht im Gelände.

Mopped: Nein, das ist keine windschnittige Vespa, mit der man über die Landstraße brettert, sondern es ist eine Bezeichnung für einen Gegenstand, dessen Bezeichnung einem im »Arbeitsstress« gerade nicht einfällt. Zitat: »Gib mal das Mopped da her.« In diesem Fall brauchte der Soldat einen Aschenbecher. Man könnte natürlich auch einfach nur »Ding« dazu sagen, aber die Bundeswehr verachtet bekanntlich zivile Begriffe.

Morgenandacht: Die allmorgendliche Befehlsausgabe – einer spricht, der Rest lauscht.

MOT-Schütze: Pappdeckelscheibe in Soldatenform. Darf niemals nicht als Zielscheibe betitelt werden.

MPG: ManöverPatronenGerät. Dieses Gerät verhindert den Amoklauf, garantiert aber auch den notwendigen Rückstoß, um die nächste Patrone nachzuladen.

MSG: Marsch-Sport-Gelände-befreit, also ein für Soldaten äußerst erstrebenswerter Zustand.

MTW: Mannschaftstransportwagen. Dieser hat zwar Ketten, ist aber deswegen noch lange kein Panzer! Er ist eher eine dünnwandige Alubüchse, um nicht zu sagen Ami-Schrott, den man ohne Weiteres mit einem G3 oder MG3 durchsieben können soll.

Muli-Treiber: Gebirgsjäger

Mun: Abkürzung von Munition. In der Kürze liegt die Würze!

Mun-Ranch: Munitionsdepot

Murmel: Bei der Artillerie bezeichnet das die Granaten im Kaliber 155 mm.

Murmelschlepper: Ladeschütze bei der Artillerie

Muschelschubser: Rekrut bei der Marine

Muschelsucher: Das Küstenwachgeschwader

Muschgefreiter: Vize

Musterung: Prozedur, mit deren Hilfe Hochleistungssportler aus dem wehrtauglichen Volk ausgesondert und mit T5 (wehruntauglich) in die Freiheit entlassen werden.

Nachttopfschwenker: Zivildienstleistender oder Verweigerer

Nacktheit: Im zivilen Leben ist eindeutig klar, was Nacktheit bedeutet. Nämlich nichts anhaben, nackig sein, wie Gott einen schuf, das Geburtskleid austragen … Bei der Bundeswehr hingegen gibt es verschiedene Abstufungen, die meist schon mit einem offenen Hemdknopf beginnen: »Wollen Sie sich eine Lungenentzündung holen? Sie sind ja ganz nackt!«

NATO-Alarm: Ein relativ geordnetes Chaos wird etappenweise in ein unüberschaubares Chaos verwandelt. Die Stubenfenster werden dabei mit Decken licht- und frischluftgetarnt. Alle dürfen Wertsachen, persönliche Gegenstände und Autoschlüssel für die Hinterbliebenen und Erben in ein Kuvert geben. Alle Fahrzeuge werden mit Krempel derart vollgestopft, dass die Besatzungen dann hinterherlaufen müssen.

NATO-Bett: Die Schlafstätte eines bei Mutti Schlafenden, für seine in der Kaserne schlafenden Kameraden eine gern genutzte Ablagefläche.

NATO-BH: Ist ein Koppeltragegestell. Es handelt sich hier um eine segensreiche Erfindung, die es dem Rekruten ermöglicht, noch mehr an Ausrüstung zu schleppen, als er eh schon tut.

NATO-Bräune: Charakteristische Körperbräunung von Rekruten. Schön braun sind: Die Unterarme, aber nur bis zum Ellenbogen, das Gesicht mit der Abschlusskante am Stahlhelm und der Hals, aber auch nur bis zum Kragen des T-Shirts. Der Rest des Körpers ist in der Regel von nobler Blässe.

NATO-Draht: Eine besondere Variante des Stacheldrahtes. Er ist tausendmal schärfer als das Messer eines Gurkhas. Dagegen kann man sich mit zivilem Stacheldraht problemlos kämmen.

NATO-Erotikdämpfer: Bundeswehrunterhose, olivgrün und lang.

NATO-Flagge: Bundeswehreigenes Stofftaschentuch in Rekordabmaßen, das man bei einer weniger dezenten Farbgebung auch als Signalflagge verwenden könnte.

NATO-Förster: Bundesgrenzschutzbeamte

NATO-Gold: Goldfarbener Rost im Lauf des G3. Findet der Waffenkammer-StUffz solches, na dann gute Nacht. Man sollte diesem dann lieber nicht mehr alleine begegnen.

NATO-Hotel: Kaserne

NATO-Kitt: Auch in der Schweinezucht verwendetes Kartoffelbrei-Imitat. Aufgrund des günstigen Preises ein Hauptnahrungsmittel in allen Bundeswehrkantinen.

NATO-Moped: Eine etwas abwertende Bezeichnung für einen Alpha-Jet

NATO-Puschen: Kampfstiefel

NATO-Ralley: Das schnelle Bestreben der motorisierten Rekruten, freitags nach Dienst möglichst ohne Zeitverlust von der Kaserne nach Hause zur Freundin zu gelangen.

Naturfreund: Bundesgrenzschützer

n. D.: nach Dienst

Nein: Ein beim Bund so unbeliebtes Adverb, dass es durch ein »Jawoll« ersetzt werden musste.

Noochmaaal!: Bedeutet Korrektes aus Gründen der Schikane und Quälerei noch mal zu wiederholen.

Nüchtern: Ein Adjektiv, dessen ursprüngliche Bedeutung ein Soldat gegen Ende seiner Dienstzeit schon vergessen hat. Es spielt nur im zivilen Leben eine Rolle. Nüchtern wäre die Zeit beim Bund nicht zu überstehen.

OA: Ein OA war vor seiner Zeit beim Bund **o**hne **A**rbeit und ist nun dank der Bundeswehr ein **O**ffiziers**a**nwärter **o**hne **A**hnung.

Oberfahnenschwenker: Oberfähnrich

Oberfeld: Ist die Kurzform von Oberfeldwebel. Sprüche wie »Morgen, Herr Oberfeld« werden von Besitzern dieses Titels stark geahndet.

Oberhauptsturmfeld: Universaldienstgrad für jeden, den man sich traut, blöd von der Seite anzureden: »Hören Sie mal, Herr Oberhauptsturmfeld ...!«

Oberlolly: Oberleutnant, der sich gerade nicht im Raum befindet.

Oberstarkstromhebel: Oberstabsfeldwebel

Ofenrohr: Mörser werden von Panzergrenadieren so genannt. Eigentlich eine »leichte Steilfeuerwaffe der Artillerie«, die im abgesessenen Kampf von nur einer Person getragen wird. Aber entgegen des Namens mödermäßig schwer ist (circa 60 kg).

Öffentlichkeitsarbeit: Die Öffentlichkeitsarbeit ist eine Abteilung der Informationsarbeit beim Bund. Ihre Aufgabe ist es, die Bevölkerung mit der Bundeswehr vertraut zu machen und das Verständnis für die Grundlagen und Ziele der deutschen Sicherheit zu fördern und auszubauen. Jeder einzelne Soldat leistet seinen Anteil an der Öffentlichkeitsarbeit. Durch sein möglichst ungehobeltes Verhalten in der Öffentlichkeit schult er den Bürger, die Phrasendrescherei des Bundes als solche zu erkennen, und ermöglichet es ihm dadurch, sich ein objektives Bild von den in der Truppe herrschenden Umgangsformen zu machen.

Offizier: Angelernter Abiturient mit Praktikumserfahrung

Offiziersheim: Soll nach Aussagen der Bundeswehr dazu dienen, »Kameradschafts- und Kontaktpflege« zu fördern. In Wahrheit aber geben sich dort die Lamettahengste allabendlich die Kante und langweilen sich gegenseitig mit ihren Puffgeschichten.

Offiziersspritze: Eine im San-Bereich speziell für Offiziere und andere Ausbilder präparierte Spritze. Bevor der Sani die Spritze in den Hintern des Offiziers rammt, klopft er liebevoll mit der Nadel einige Male gegen die Fensterbank. Die Nadel verbiegt sich dadurch etwas und bildet fiese, kleine Widerhaken, die dem Offizier beim Herausziehen der Spritze sehr viel Freude machen werden. Von dem blauen Fleck, den der Offizier danach tagelang durch die Gegend trägt, reden wir lieber nicht.

Orientierungsmarsch: Er soll die Fähigkeit der Soldaten fördern, aus einem fremden Gelände den Weg zurück in die heimatliche Kaserne zu finden. Im Zeitalter von Smartphones natürlich kompletter Quatsch. Ein Anruf und schwuppdiwupp: Taxi oder Freundin holen den verirrten Soldaten ab. Der Rest des Tages wird dann in einer Kneipe verbracht.

Ostereier: Handgranaten

OvT: Offizier vom Tag (böse Zungen behaupten aber auch, es sei die Abkürzung für OberVollTrottel).

P1: Pistole, 9-schüssig. Acht Warnschüsse und ein tödlicher Wurf.

P8: Die Nachfolgerin der P1. 16-schüssig – also 15 Mal schießen und ein noch tödlicherer Wurf.

PAGNAPPFF/LANGEMARK: Häää, was? Das sind sogenannte Eselsbrücken, die es dem Soldaten erleichtern sollen, im Felde anderen mitzuteilen, was bei verschieden Stellungen so zu beachten ist. Nicht nur für Legastheniker unverständlich und schwer zu merken.

PAGNAPPFF:
P: Posten
A: Auftrag
G: Grenzen
N: Nachbarn
A: Alarmierung/Ablösung
P: Parole
P: Platz der Gruppe
F: Feuerregelung
F: Feuerführungslinie

LANGEMARK:
L: Lage
A: Auftrag
N: Nachbarn
G: Grenzen
E: Eröffnungslinie
M: Meldemittel
A: Alarmierung
R: Rückwärtiges Feld
K: Kennwort (in dem Fall: PAROLE, bestehend aus zwei Buchstaben des NATO-Alphabets)

Panzer und Flugzeuge: Fahr- bzw. flugunfähiges Großgerät des Bundes. Gerüchten zufolge sollen Panzer und Flugzeuge durch den Einbau von Ersatzteilen wieder zum Leben erweckt werden. Doch die Existenz dieser Teile ist umstritten. Bisher konnte jedenfalls noch kein Nachweis über ihr Vorhandensein erbracht werden.

Panzerband: Klebeband mit überragender Klebekraft. Ist auch ein beliebtes Mitbringsel für daheim.

Panzerkeks/-platte: Ein fester Bestandteil jeden EPA-Päckchens; zudem ist es eine enorm ernste Gefahr für jeden Zahn, dazu auch noch sehr förderlich, um schnell an die dritten Zähne zu kommen. Dazu auch noch ein echter Multifunktions-Keks: Mit Schuhcreme überstrichen eine tolle Wärmequelle; notfalls kann man auch eine Panzerstraße damit pflastern.

Panzersketten, Puffsmutter, Bratskartoffeln: Wird meist als Beispiel gebracht, warum es »Essenmarken« und nicht »Essensmarken« heißt.

Papier: Ein zum Verfassen von Vorschriften und Aufträgen unerlässliches Material, dass von Bundeswehrdienststellen jährlich tonnenweise verbraucht wird. Da die Haushaltsmittel aber nur eine Papierversorgung bis maximal September garantieren, waren die papierverbrauchenden Stellen extrem erfinderisch und kreativ. Sie haben nämlich die ganzen Abkürzungen der Bundeswehr ersonnen. So wird der pro Blatt zur Verfügung stehende Freiraum optimal genutzt. Durch diesen Papiernotstand entwickelte sich der Wörter-Sparzwang, und aus diesem wiederum der berühmt-berüchtigte Bundeswehrabkürzungsfimmel (BwAküFi). Dieser hat allerdings den Vorteil, dass selbst streng geheime Dokumente nicht mehr chiffriert werden brauchen: Kein Nichteingeweihter ist in der Lage, ein von einer Bundeswehrdienststelle abgefasstes Schriftstück zu lesen!

Pappkamerad: Zielscheibe in Soldatenform

Pazifisten: Zivilisten, die in Kriegszeiten (Golfkrieg, Kosovo) jeden Freitag mit handgemalten Plakaten und zerschossenen Zielscheiben auf den Bahnhöfen aufmarschieren und sich dem Hohn der heimfahrenden Soldaten ausliefern.

Peng! Bumm! Peng!: Dies schreit ein Rekrut während eines Manövers, wenn er im Rahmen von Etatkürzungen einen Gewehrschuss simulieren muss. Na ja, so spielen ja auch schon die kleinen Jungs auf dem Spielplatz Rumballern. Warum soll es im Alter anders sein? Bumm!: So macht ein Rekrut im Manöver, der im Rahmen von Etatkürzungen einen ganzen Panzerschuss simulieren muss. Grööhhhlll!: So macht ein Zivilist am Zaun, der sich dieses Trauerspiel mitansehen muss.

PET-Flaschen: Das allerwichtigste Zubehör bei Gepäckmärschen. Die mit Wasser gefüllten Flaschen kann man mit dem ansonsten nur mit Handtüchern ausgestopften Rucksack leicht auf das vorgeschriebene Marschgewicht bringen. Frühestens 100 Meter hinter dem Kasernentor entleert man dann diese in den Straßengraben und macht sich erleichtert auf den Marsch.

Pi-Karre: Ein Karren, mit dem die Schießutensilien zur Schießbahn gebracht werden. Meist steht dieser angebunden vor dem Kompaniegebäude.

Pi-Päckchen: Kleiner Plastikbeutel mit Utensilien, den man wirklich benötigt. Das Ding muss man auch noch selber kaufen. Inhalt ist dann: ein Bleistift (um Meldungen schreiben zu können), eine Schnur (um sich eine Tarnkordel basteln zu können, damit man aussieht wie Rambo), ein Feuerzeug, eine Kerze und ein Korken (um sich mit einem halbglühenden Korken die Nase zu verbrennen, das Gesicht mit Ruß und Akne zu tarnen und zu guter Letzt das Krebsrisiko auch noch in die Höhe zu schrauben), Sicherheitsnadeln und der erste Satz Hosengummis.

Pi-Wald: Miniatur-Waldsterben auf den Standortübungsplätzen. In diesen Übungshain kann man dank exzessiver Lochbuddelei schon heute einen Eindruck gewinnen, wie der deutsche Forst mal in 50 Jahren aussehen wird.

Pichelsteiner: Küchenjargon für alle Reste der letzten Wochen als Eintopf

Pickel: Während der normale Sterbliche mit einem »Pickel« eine kleine eitrige Erhebung im Gesicht oder sonst wo meint, denkt der Rekrut mit Ehrfurcht an die Schultersterne seiner Offiziere.

Picklige: Offiziere

Pickpott: Eine komische Ansammlung von ineinanderpassenden Alu-Töpfen mit völlig nutzlosen Henkeln. Eigentlich ist der Pickpott nur für Flüssignahrung geeignet.

Piepsmäuse: Fernmelder, die während ihrer Ausbildung auch die Kunst des Morsens erlernt haben.

Pinguine: Nicht ganz offizielle Bezeichnung für die Heeresflieger: Sie können nicht richtig laufen, sie können nicht richtig fliegen, aber sie haben eine riesengroße Klappe.

Pio: Abkürzung für »Pionier«. Der Pionier ist eigentlich ein ganz armer Tropf. Denn alle anderen Rekruten werden nur während ihrer Grundausbildung gequält, der Pionier jedoch während seiner kompletten Dienstzeit.

Pizzabäcker: Rekrut, der sein Barett nicht richtig aufsitzen hat. Was den Ausbilder zu dem Spruch zwingt, dass der Träger des Baretts wohl Pizzabäcker sei, da diese wie die Mütze eines Pizzabäckers auf dem Kopf hänge.

Pizzadeckel: Anderes Wort für ein neues, ungebrauchtes und somit noch etwas steifes Barett.

Pizzaschmuggler: Barettträger

Plastikteller: Hat jeder vernünftige Bundeswehrler heimlich im Rucksack, damit er im Gelände das Feldgeschirr nicht einsauen muss. Plastikteller existieren offiziell nicht, sind aber unheimlich praktisch.

Playstation: Das wirklich einzige beim Bund funktionierende elektronische Gerät. Es hat aber leider – auch nach mehrmaliger Eingabe beim Bundeswehrbeauftragten – noch keine Bundeswehr-Versorgungsnummer.

Ploggern: Begriff für das Polieren des Bodens. Dazu wird ein handbetriebenes Gerät des ausgehenden Mittelalters verwendet. Der Plogger ist verdammt schwer, lehrt aber auch vortrefflich das Timing beim Putzdienst. Den Plogger erst ganz zum Schluss versuchen noch ins Spiel zu bringen, leider ist dann aber keine Zeit mehr dafür.

Pommes: Gefreitenbalken. Sind leider nicht essbar, berechtigen aber zu hemmungslosem und lustvollem Mäusequälen. Ihren Namen verdanken sie ihrer charakteristischen Fritten-Form.

Pommesbude: Anderes Wort für den Oberstabsgefreiten wegen seiner fünf Pommes auf den Schulterklappen.

Pompfenbert: Ein ziemlich tollpatschiger Rekrut, der ständig zusammengefaltet wird. Ein Pompfenbert kann keinen Gleichschritt, tritt mit einem zerlegten Gewehr im Stiefelsack an, weil er's nicht wieder zusammenbekommt, und verläuft sich ständig auf dem Weg zur Kanne ... Eigentlich kann so ein Pompfenbert nix, gar nichts.

PP: Persönliches Pech

Puck, die Stubenfliege: So sieht ein Soldat mit der uralten Schutzbrille gegen Atomblitze aus.

Pumpen: Nicht Wasser hochpumpen, sondern eine nette Umschreibung für »Liegestütze machen«.

Putzen: Nur Frauen putzen. Ein Rekrut »reinigt«.

Putzspind: Ein halb so breiter Schrank wie der normale Spind. Er ist zur Aufbewahrung von Reinigungsmitteln vorgesehen. Er ist der einzige Spind, der unverschlossen bleiben darf, und er eignet sich daher auch hervorragend zur Aufbewahrung von allerlei Krempel. Zudem bietet er zusätzlich genügend Ablenkung für die Unteroffiziere, sowohl während als auch nach dem Stubendurchgang.

Racken: Tun bei der Bundeswehr nur die Neulinge. Gemeint ist hier die Durchführung einer schweren, unmenschlichen und schweißtreibenden Arbeit, die der Erfüllung eines sehr wichtigen Auftrages dient.

Rambo: Hollywood-Kampflegende, die – mangels geeigneter Soldatenvorbilder aus Deutschland – zugleich auch das größte Idol aller Bundeswehr-Vorgesetzten ist.

Randaleleuchte: Ist eine orangefarbene Blinkleuchte. Sie wird auf Nachtmärschen vom ersten und letzten Rekruten in der Marschreihe auf den Stahlhelmen getragen. Die armen Schweine sehen dann zwar aus wie getarnte Notrufsäulen, leisten aber auch einen wertvollen Beitrag, den Bund in der Öffentlichkeit mal wieder so richtig lächerlich zu machen.

Rangabzeichen: Ist der äußere Ausdruck der eigenen Wichtigkeit.

Rasenmäher: Ist der allergrößte Feind eines Grenadiers: nimmt Licht und Deckung weg.

ReFü: Ein sehr scheues Kompanietier, auch **Re**chnungs**fü**hrer genannt. Ein Rechnungsführer ist eigentlich ein Buchhalter, so würde er zumindest im Zivilleben genannt werden. Aber da diese Berufsbezeichnung nicht militärisch-zackig genug klingt, musste sie natürlich angepasst werden (»Ja, Herr Buchhalter« vs. »Jawoll, mein ReFü«). Auf jeden Fall ist der Refü der Dienstgrad, den jeder Rekrut gerne sieht. Zumindest einmal am Ende des Monats.

Reiseleiter: Kapitän auf einem Marinedampfer

Reißer: Brenner

Rekrut: Soldat am Beginn seiner Ausbildung. Ihm wird von seinen Vorgesetzten ständig das Gefühl eingespritzt, ein Nichts oder bestenfalls ein jämmerlicher Haufen Scheiße zu sein.

Rekrutentennis: Vor dem Block antreten: auf die Stuben wegtreten. Vor dem Block antreten: auf die Stuben wegtreten. Vor dem Block antreten: auf die Stuben wegtreten.

Reservistenhut: Ein modischer Strohhut mit einer Feder und einer Mini-kaserne darauf (ein Wachhäuschen, eine Schranke, ein Plastiksoldat und ein Fahrzeug mit Büschen, Bäumchen, Kunstrasen und Stacheldraht aus dem Modelleisenbahnhandel dekoriert). Siehe auch Reservistenhemd

Reservistenhemd: Ein weißes T-Shirt mit einem großem Panzerbild und dem Zugnamen drauf. Es wird am letzten Tag von allen halbwegs brauchbaren Begleitern durch die schwere Zeit unterschrieben. Es dient zusammen mit dem Reservistenhut als Schutzkleidung. Jeder Wirt mit einem IQ größer als ein Weißbrot, der Ausscheider aus der Ferne sieht, wird unverzüglich die Kneipe verriegeln, die jungen Bedienungen und das Bier wegschließen.

Reservistenpfeife: Aus einer Patronenhülse selbst gebastelte Pfeife. Erinnert in den letzten Tagen alle Leute daran, die noch so etwas wie Trommelfelle besitzen und des Hörens noch mächtig sind, dass der Pfeifenbesitzer bald wieder ein freier Mensch ist.

Resifeier: Saufen, saufen, saufen und saufen.

Resikordel: Je weniger Tage man noch hat, desto weiter hinten am Gürtel wird diese getragen. Sie ist behängt mit Abzeichen, Trillerpfeife und Tagerolle und wird am Ende der Dienstzeit an einen frischgebackenen Vize übergeben.

Revier: Das Revier hat der Rekrut, also genau genommen die Maus, zu reinigen.

Revierreinigung: Ist eine reine Arbeitsbeschaffungsmaßnahme, bei der, wenn z. B. das Fegen und das Wischen zu schnell gehen, auch mal Radiergummis verteilt werden, mit denen die schwarzen Streifen von den Türen und Schuhen entfernt werden können. Man lernt also, sich seine Zeit gut einzuteilen.

Rezeption: Andere Bezeichnung für das UvD-Zimmer. Hier werden auch die »Zimmer«-Schlüssel hinterlegt, wenn die »Gäste« an einer Veranstaltung außer Haus teilnehmen müssen.

ROA: Angehende Hilfsoffiziere. Sie sind oft adeliger Herkunft und auch sonst eher unfähig. Kennzeichen: Siberlitze, pingelig wie kleine Mädchen und zweizeiliges oder mehrzeiliges Namensschild.

Robben: Eigentlich sind das Meeressäugetiere. Der Soldat muss aber deren Fortbewegungsart im Gelände nachahmen.

Rödeln: Sammelbegriff für alle Frischluftbetätigungen, die das Leben der Bundeswehr unangenehm machen können.

Rödelbahn: Eine Freiluft-Folterkammer, in der sich der Rekrut im Rödeln bzw. Abquälen üben kann.

Rödelriemen: Textilriemen, um das ganze Gerödel am Rekruten zu befestigen. Er sorgt dafür, dass der Rekrut auch richtig rödeln kann, ohne sein Gerödel zu verlieren.

Roten, die: Unser Feindbild. Russe darf man den Feind ja nicht mehr nennen, da diese jetzt unsere lieben Freunde sind. Abgesehen davon: Die Roten könnten alle mögliche Leute sein und sie bleiben ein prima Feindbild, oder?

Rückgratentziehungskur: Stabsoffizierslehrgang beim Bund. Dieser kann nur von auserwählten und medizinisch für diesen Eingriff verwendbaren Offizieren besucht werden. Hat bei Bestehen des Lehrgangs zwei Folgen:
– Beförderung zum Major
– Änderung des kompletten Persönlichkeitsprofils

Ruhebox: Sagenumwobenes, geheimnisumwittertes Behältnis, das angeblich Ruhe verströmen soll, sobald man es öffnet. Die Existenz dieser mysteriösen Box ist allerdings umstritten.

Rüstzeit: Konfirmandenstunden für Soldaten

SAK: S**ünden**A**bwehr**K**anone:** Bezeichnung für den Bundeswehrgeist-
lichen. Manchmal werden auch »E-SAK« und »K-SAK« unterschieden
(evangelisch, katholisch).

Sammeltransport: Ist eine Gruppenreise aller junger Männer, die ihre
Grundausbildung ableisten müssen. Ziel ist die Kaserne, und diese Tour
findet unter Aufsicht eines Uffzen statt. Alkohol gilt während der Dauer
des Transports als verbotenes Getränk, deshalb ist diese Gruppenreise
wohl die einzige Fahrt bei der Bundeswehr, die junge Rekruten nüchtern
erleben werden.

SanAk: Sanitätsschule oder der größte bewachte Puff Deutschlands

San-Bereich: Beliebter Aufenthaltsort von Soldaten, wenn Geländetage,
Übungen oder Manöver stattfinden. Tipp: Brechdurchfall kann nicht
nachgewiesen werden! Nächster Tipp: Kommt so spät wie möglich in den
San-Bereich oder schließt euch in der Toilette ein. Die meisten San-Be-
reiche arbeiten nach dem FiFo-Prinzip (First in, First out): Wer als Erster
kommt, wird also auch als Erster untersucht. Wenn ihr euch so spät wie
möglich anmeldet, ist so gut wie sichergestellt, dass ihr euch auch noch
am Nachmittag im Wartezimmer aufhalten werdet.

Sanitäter in der Luftwaffe: Einzige Möglichkeit, bei der Bundeswehr den
Wehrdienst abzuleisten und trotzdem den Kriegsdienst zu verweigern.

Sauber: Ein Zustand, den es bei der Bundeswehr nicht gibt. »Gereinigt
und gelüftet« ist als Zustandsbezeichnung für ein Objekt in Ordnung, es
als »sauber« zu bezeichnen, zieht eine eingehende Überprüfung durch
den Vorgesetzten mit anschließendem Nachreinigen nach sich.

Saufen: Siehe Freizeit

SaZ-Antrag: SaZ-Anträge (Soldat auf Zeit) hängen meist links an der
Toilettenwand. Normal gebildete Menschen benutzten es als Klopapier
oder Handtuch.

Schanzen: Oder auch Einbuddeln mithilfe eines Klappspatens. Schanzen soll angeblich vor feindlichem Feuer schützen. Dem Soldaten ist es egal. Nach zwei bis drei Stunden Schanzen fühlt sich ohnehin jeder wie erschossen.

Schießbahn: Der Unterschied zwischen einer Schießbahn und einem Freudenhaus besteht im Wesentlichen darin, dass man sich im Puff nicht für jeden abgefeuerten Schuss fünf Stunden anstellen muss ...

Schiffchen: Bootsförmige Kopfbedeckung für Neulinge, die mit dem Kiel nach oben getragen wird. Hat vorn eine stilisierte Zielscheibe in Schwarz-Rot-Gold aufgenäht, um feindlichen Scharfschützen die Arbeit zu erleichtern.

Schikane: Quälerei, Plage, Marter, Folter, Tortur

Schildkrötenrennen: Unter jedes Knie und an jedem Arm einen Stahlhelm, und dann ab auf allen vieren über die gefliesten Flure ... Aber nicht erwischen lassen!

Schimmel: Beim Bund gehört Schimmel zur Lebensform. Man trifft diesen an als grünen Rand an Käse, Wurst, als tiefschwarze Flecken in den Nasszellen, als unangenehmen Gestank aus den Matratzen oder auch von den Füßen der Rekruten.

Schimmelschütze: Uffze und StUffze können auch so genannt werden, da ihr Dienstgradabzeichen auch mit Schimmel auf dem Schulterstück verwechselt werden kann.

Schluchtenscheißer: Gebirgsjäger

Schlumpf/Schlumpftarn: Bezeichnet nicht das kleine, possierliche blaue Kerlchen, sondern Schlumpf ist die inoffizielle Bezeichnung für den äußerst hässlichen, dunkelblauen Bundeswehr-Sportanzug. Die Rekruten werden mit diesen beim Training gedemütigt und erniedrigt. Dieses Teil ist wirklich so schlimm, jeder Lumpensammler lässt es links liegen.

Schlumpf (2): SanSoldaten können auch so genannt werden, da sie blaue Mützen tragen.

Schmuddels: Die Klatschblätter der Nation. Ist ein beliebter Lesestoff auf der Wache. Der einzige Zeitvertreib bei 24 Stunden Dienst.

Schnüffeltüte oder Schnuffi: Gasmaske

Schreihals: Die Ähnlichkeit mit einem Uffz oder StUffz ist verblüffend.

Schuhschachtel: siehe MTW

Schulterakne: Haben alle Soldaten ab dem Dienstgrad des Leutnants, wegen der Pickel auf den Dienstgradschlaufen. Da hilft auch kein Waschen oder Ausdrücken.

Schulterfisch: Dienstgradabzeichen auf der Schulter eines Hauptfeldwebels, welches fischförmig aussieht.

Schulterglatze: Ein Neuling oder auch eine Maus, die mangels Dienstgrad noch keine Schulterklappen trägt, hat deshalb eine Schulterglatze.

Schulterklappe: Jeder Soldat muss leider schon nach wenigen Diensttagen feststellen, dass in der kleinen, abgeschlossenen Welt des Bundes nicht das zählt, was ein Mensch im Kopf hat, sondern nur das, was er auf seinen Schultern spazieren trägt. Ein sehr gutes Abitur macht hier keinen Eindruck oder eher einen schlechten. Balken und U-förmige Aufdrucke bedeuten relativ wenig; im Verein mit Pickeln, Eichenlaub und Goldverzierungen auf den Schultern gehört man jedoch zu den erleseneren Kreisen des Clubs. Die Annahme, dass ein höherer Dienstgrad automatisch mehr Grütze im Kopf haben muss, ist allerdings komplett falsch.

Schusspflaster: Nein, natürlich kein Spezial-Pflaster für Schussverletzungen. Das sind einfach nur runde Aufkleber mit circa 2,5 Zentimeter Durchmesser, die über die Einschusslöcher der Zielscheiben geklebt werden.

Schützengraben: Manchen behaupten, dass »Schützengraben« nur so heißt, weil er hauptsächlich von Schützen gegraben und ausgehoben wird.

Schwaben: Kleine Volksgruppe aus dem südwestdeutschen Raum. Sie sind vor allem bekannt für ihre fantastischen Spätzle, aber auch für ihre extreme Sparsamkeit bzw. Geiz. Noch schlimmer als feindliche Störsender sind jedoch die Schwaben am Funkgerät. Sie glauben und behaupten zwar, Hochdeutsch zu sprechen, können dies aber nicht. Folglich werden sie von Nichtschwaben nicht verstanden. Einziger Vorteil: Man braucht die Funksprüche nicht mehr zu codieren.

Schwachmaat: Junger Marineunteroffizier, der so frisch aus der Schule kommt, dass ihm vorsichtshalber ein »Goldener Feuerlöscher« ans Bein gebunden wird.

Schwanzparade: Musterungsuntersuchung (»Husten Sie mal ...«)

Schwellenträger: Siehe Pioniere

Schwimmunterstützungsuniform: Siehe Bundeswehr-Badehose

Seil: Bekommt man von den wenigen vernünftigen Ausbildern, wenn es wirklich nötig ist.

Seiler: Idealtypus von Rekruten. Kantine statt Dienst, San-Bereich statt Manöver.

Sekundenkleber: Sollte vor der Stubeninspektion auf Tür- und Fensterrahmen, Spindoberseiten und andere staubverdächtige Oberflächen aufgetragen werden.

Selbstständigkeit: Selbstständig darf der Rekrut bei der Bundeswehr nichts tun, noch nicht einmal zum Frühstück gehen.

Selbstverpflegung im Gelände: Wohl dem, der sein Essen vom Spieß lauwarm geliefert bekommt.
Hat man nun schon den ganzen Tag geschuftet und ist vom Regen völlig durchnässt (leider darf man mit Goretex nicht arbeiten oder besitzt es besser gar nicht), dann kommt als abendlicher Höhepunkt das »Selberkochen«: Dafür erhält die Gruppe dann 500 Gruppe tief erfrorenes Gemüse, ein paar ungeschälte Kartoffeln und für jeden Soldaten eine rohe Bratwurst und eine Zwiebel.

SEM 52: Handsprechfunkgerät der Bundeswehr. Circa 40 x 12 x 5 Zentimeter groß und drei Kilo schwer, aber dafür keine Sendeleistung (0,2 Watt). Mit Kinder-Walkie-Talkies aus dem Spielzeugfachgeschäft wäre dem Bund besser geholfen, und die sind auch noch preiswerter. Siehe auch: Handy.

SGA: Die offizielle Abkürzung für die **S**pezial**g**rund**a**usbildung. Diese schließt sich an die Allgemeine Grundausbildung (AGA) an. In der Praxis ist jedoch das Gerät, das für die SGA dringendst benötigt wird, so gut wie immer defekt oder aufgrund fehlender Ersatzteile nicht einsatzbereit, wodurch die Abkürzung für die Soldaten zum Synonym für **s**tehen, **g**ammeln und **a**bschwanzen wird.

Sicherungshebel: Einstellschalter beim G3. Hat drei Stellungen:
- S: Scheiße, klemmt!
- E: Erschrecken!
- F: Fleisch!

Sichten und Vernichten: Grundlage jeder strategischen Kampfführung, diese Regel gilt eigentlich auch beim Essen, wenn man bei Mutti essen darf.

Sie jetzt ...: Beim Bund gibt es leider viele Vorgesetzte, denen die deutsche Grammatik große Pein bereitet: »Sie jetzt! Reviere reinigen!«

Silo: Im zivilen Leben ein Gebäude zur Lagerung von Getreide, bei der Bundeswehr ein **Si**cherheits**lo**ser.

SM-Befreiung: S- und M-befreit bedeutet nur, dass der betreffende Rekrut nicht mehr an Märschen oder am Sport teilnehmen darf. Deshalb wäre es ein Fehler, aus seiner SM-Befreiung abzuleiten, dass man fortan nicht mehr von sadistisch-masochistisch veranlagten Ausbildern gequält werden darf: Es gibt da noch so viele andere Möglichkeiten. Die Latrinen müssen z. B. mal wieder gereinigt werden.

Soldat: **S**oll **o**hne **l**anges **D**enken **a**lles **t**un.
oder: **S**chlage **o**hne **l**anges **D**enken **a**ndere **t**ot.

Soldatensportwettkampf (SSW): Bundesjugendspiele für Erwachsene.

Sommer/Winter befehlen: Trotz sommerlicher Temperaturen im März oder sibirischer Verhältnisse im September hängt die Wahl und Trageweise der Kleidung von der Vorschrift oder Willkür der Ausbilder ab. Vom 1. April bis 30. September darf »Sommer befohlen« werden. Das heißt Ärmel hochkrempeln. Vom 1. Oktober bis 31. März. sind die Ärmel grundsätzlich unten zu tragen (»befohlener Winter«).

Spaten-Paulis: Pioniere

Speckdeckel: Die modische Kopfbedeckung, die auch als Barett bekannt ist.

Spedition, bewaffnete: Transportkompanie

Spiegelei: Einzelkämpferabzeichen

Spieß: Der Kompaniefeldwebel, oft auch als Spieß bezeichnet, ist eine Dienststellung in Kompanien. Hier sind meist Soldaten mit Dienstgrad Hauptfeldwebel (und höher) eingesetzt, die dem Kompaniechef zuarbeiten.

Spielhölle: Eine andere Bezeichnung für das GeZi, in dem die dort arbeitenden Rekruten immer den Dienst-PC für ihre privaten Computerspiele nutzen.

Spinatkopf: Angehöriger der Jägertruppe

Spind: Ähnlich wie Tetris. Ein Maximum an Ausrüstung muss auf minimalem Platz untergebracht werden. Zu schaffen ist das nur mithilfe einer strengen Spindordnung, deren Einhaltung in der Grundi aufs Peinlichste genau kontrolliert wird. Später in der Stammeinheit kümmert es keinen Ausbilder mehr. Meist hat der Rekrut sich dort auch einen Zweitspind gesichert, der die Unterbringung seines Krempels erheblich vereinfacht. Die Außenseite dieser in dezenten Grün- oder Blautönen gehaltenen Zweckbehältnisse dient als Plakatfläche für diverse Poster mit viel nacktem Fleisch drauf.

Spindschikane: Ausbilder können sich am Freitag vor dem Dienstschluss für all die kleinen und großen Nettigkeiten der Soldaten rächen, die unter der Woche nicht geahndet werden konnten. Das führt dazu, dass man die Schuhe zum Ausgehkram von unten an der Sohle putzen muss, dass Hosenaufschläge umgekrempelt und kontrolliert werden und dass zum zehntausendsten Mal nachgefummelt wird, ob denn auch wirklich ein DIN-A4-Blatt im blauen Hemd ist.

Spindkontrolle: Steht immer zwischen dem Rekruten und dem Wochenende.

Spind-Saufen: Ist ein Wettbewerb, bei dem jeder Teilnehmer sich mit einem Kasten Bier auf seinen Spind setzt. Wer sich am längsten oben halten kann, hat gewonnen.

Spindtragegestell: Eine segensreiche Erfindung, die es dem Rekruten ermöglicht, den Inhalt seines Spindes – in diverse Taschen verpackt – auf seinem Rücken zu tragen. Siehe auch: NATO-BH.

Spind-Würfeln: Eine für Nicht-Betroffene erheiternde Aktion, wobei der verschlossene, aufgeräumte Spind kräftig geschüttelt wird und danach von dem Betroffenen gereinigt und aufgeräumt werden muss.

Spitzmaus: »Codename« für den Alphajet der Luftraumbeobachter. Zitat LRB-Ausbildung: »An dem ist alles spitz: die Schnauze, die Tragflächen, das Leitwerk, usw. ...« Gegenfrage aus dem Publikum: »Der Pilot auch?«

Spitznamen: Jeder hat einen, und wer keinen hat, der kriegt bei Bekanntwerden selbigen Umstandes sofort einen. Lieber sich selbst einen ausdenken, als einen beim Bund bekommen.

Splitterschutzweste: Soll angeblich vor herumfliegenden Teilen schützen, hält aber nicht einmal dem Beschuss mit einer Kleinkaliber-Pistole stand. Allerdings ist die Splitterschutzweste ein recht angenehmes Kleidungsstück bei Regen und saukaltem Wetter, sofern man damit nicht ackern muss.

Sportfördergruppe der Bundeswehr: Übergeordnetes Gremium beim Bund, das vorwiegend aus Rekruten im Alkoholverdunstungsanzug besteht, die noch weniger als nichts machen. Den Freifahrtsschein zu dieser Elite-Einheit bekommt man nur, wenn man in der Leistungssportsaison in einer Deutschen Meisterschaft den 1. Platz belegte und das Glück hat, in den A- oder B-National-Kader seiner Sportart vorzustoßen. Selbst wenn man dies geschafft hat, ist ein »Platz an der Sonne« der Sportfördergruppe noch nicht sicher, denn jährlich stehen pro Sportart nur circa 10 bis 20 dieser Plätze zur Verfügung. Bei besonders großen, muskulösen und gewichtigen Athleten, die nicht in dieses Gremium gewählt werden, bietet sich dann als Notlösung der Sonderposten eines 5- oder 10-Kilo-Begrenzungsscheines (siehe weiter unten). Nebenbei bemerkt sei, dass Soldaten der Sportfördergruppe keineswegs den urtypischen standardmäßigen Alkoholverdunstungsanzug wie ihre uniformierten Leidgenossen besitzen, sondern auf jedem Teil ihres Trainingsanzuges, obwohl noch Mäuse, die drei Pommes eines Hauptgefreiten in Form des Adidas-Logos tragen. Ihre Uniform tragen sie nur dreimal:
1. Bei der Einkleidung,
2. Bei der Vereidigung,
3. Nach Beendigung ihres »Wehrdienstes« bei der Abmeldung vom Vorgesetzten.
Also: »Wehrdienst« , unter dem Aspekt, sich gegen die Uniform »wehren« zu müssen.

Sprenghuhn: In der zivilen Welt einfach das gute alte Hühnerfrikassee

Sprengung: Ein anderer Begriff auch für Anschiss. Tipp: Je nach Schwere des Delikts folgendes Vorgehen: Ohropax rein, Stahlhelm auf, Klappspaten frei und graben, was das Zeug hält.

Sputnik: Ein lustiges Spiel, bei dem ein Versager um eine Gruppe kreisen muss, während diese marschiert.

Stab: Der Stab führt einen Verband und produziert dabei extrem viel wichtiges Papier. Gäbe es beim Bund keine Stäbe, dann wäre der Wald dank geringerer Abholzquoten seitens der Papierindustrie schon längst gerettet.

Stabsdienstsoldat: Soldat mit der ATN zum Kopieren und Stempeln.

Stabspionier: Ein Rekrut, der es geschafft hat, kein einziges Mal befördert zu werden, obwohl er sich schon länger als die übliche Dienstzeit beim Bund aufhält. Aufgrund dieser einmaligen Leistung wird er von seinen Kameraden demokratisch und selbstständig befördert.

Stahlhelm: Eine Kopfbedeckung, welche die Kampfkraft vermindert. Der Helm schützt den aufrecht gehenden Rekruten zwar, falls ihm der Himmel auf den Kopf fällt. Häufig rutscht er jedoch wie ein Sichtschutz über die Augen seines Trägers, sobald dieser Stellung bezieht. Ein gefundenes Fressen für den Feind.

Starfighter: Fluggerät, das immer nur kurze Strecken schaffte. Die absolut billigste Methode, an einen Starfighter zu kommen, war, sich in der Nähe eines Luftwaffenstützpunktes ein Grundstück zu kaufen und eine Weile zu warten.

Standortpfarrer: Lässt den Soldaten die Wahl: Gottesdienst oder Latrinen putzen.

Staub: Eine Substanz, die lediglich von Ausbildern wahrgenommen wird. Diese wird vom einfachen Soldaten nicht erkannt. Er lernt aber sehr schnell, dass dieser Staub, obwohl nur imaginär, sehr wohl vorhanden ist, da ihn ansonsten ein Anschiss erwartet.

Stopfen: Der Zivilist versteht unter darunter z. B. löchrige Socken zu stopfen oder maßlos zu essen. Dieses Kommando ist aber für einen Soldaten der amtliche Befehl, eine Aktion schlagartig einzustellen.

StOV: **St**and**o**rt**v**erwaltung. Böse Zungen behaupten jedoch, das Kürzel stehe für **S**itzende **T**ätigkeit **o**hne **V**erantwortung. Wie dem auch sei, vor Arbeit schwitzen tut dort niemand.

Strandpiraten: Marineinfanteristen

Stricher: Noch ein Begriff für den Gefreiten. Ob das was mit dem Strich auf der Schulter zu tun hat, bleibt mal unbeantwortet.

Strippenzieher: Spezielle Fernmeldesoldaten. Man sieht sie bei Übungen mit riesigen Kabeltrommeln durch die Botanik rennen.

Stube: »Zimmer« gibt's im Hotel und im Bordell, aber nicht bei der Bundeswehr.

Stuben und Revierreinigen: Als Zivilist findet jeder Ex-Bundeswehrangehörige hundertprozentig einen Job. Schließlich ist er staatlich geprüfter Raumpfleger.

Stubenlampe: Wird beim Stubenappell gerne auf Staub kontrolliert. Also immer schön reinigen.

StUffz: Ein Stabsunteroffizier. Erkennt man an ihrer Lautstärke.

Sturmabwehrschießen: Wenn der böse Feind bis auf 32 Meter an die eigene Stellung herangekommen ist, heißt es »Fertig machen zum Sturmabwehrschießen«. Das G3 wird auf »Frieden« gestellt und ein volles Magazin eingelegt. Tipp: Der Klappspaten sollte freigemacht werden, um dem Gegner damit im drohenden Nahkampf den Schädel zu spalten.

Streifenhörnchen: Ein Stabsgefreiter mit seinen vier Pommes auf jeder Schulter.

Tageskarten: Kleine, gelbe Plastikkarten ähnlich einer Schiedsrichter-Karte, die von 14 an abwärts nummeriert sind. Der Abgänger trägt die Tageskarte mit seiner aktuellen Tageszahl immer in der Brusttasche seines Hemdes, um diese dann in Sekundenschnelle jeden Neuling mit den Worten »Acht, du Kiste!« vor die Nase halten zu können.

Tagesmillionär: Nur ein Zeitsoldat kann so viele Tage haben.

Taktische Zeichen der Bundeswehr: Bei Weitem nicht so schön wie die ägyptischen Hieroglyphen, aber genauso unverständlich und unleserlich.

Tannenbaum: Offiziere und Unteroffiziere im Dienstanzug, die so viele Auszeichnungen, Orden und Leistungsabzeichen an ihren Anzug geheftet haben, dass ihnen nur noch eine Lichterkette zum persönlichen Glück fehlt.

Tapsi: Interne Bezeichnung für einen Bundeswehrsoldaten im Auslandseinsatz: **T**otal **a**hnungslose **P**erson **s**ucht **I**nformationen.

Tarnen: Tarnung funktioniert übrigens nicht am FKK-Strand.

Tasche, offen: Eine beliebige Brusttasche wird geöffnet und ein wenig ausgebeult. Dabei sollte man unbedingt die Lasche in die Tasche stopfen, damit der Inhalt, für den sie vorgesehen ist, leichter hineinflutschen kann. Angewendet wird diese Maßnahme immer dann, wenn man weiß, dass einem ein »Anschiss« droht. Denn wenn man Glück hat, fällt dem Vorgesetzten beim Anschiss die offene Tasche auf, und SIE kommt dann auch sogleich zum Einsatz: »Müüüüllller, warum zum Teufel ist Ihre verfluchte Tasche offen!!!!???!!!!« – »Herr Hauptmann, damit der Anschiss reinpasst!«

Tattoo: Ein Körperschmuck. Besonders mutig ist es, sich als Neuling Offiziersrangabzeichen auf die Schultern tätowieren zu lassen. Doof nur, dass sie da dann auch eine Weile bleiben.

TD Auge: Siehe Augentechnischer Dienst

TD Leber: Technischer Dienst an der Leber oder auch »saufen«

Technischer Dienst: Der kleine Bruder der Revierreinigung. Nur wird statt auf der Stube auf dem Tonner geschlafen.

Teerblase: Träger eines schwarzen Baretts. Also den Panzerkompanien beim Heer zugehörig.

TEGO 2000: Das aggressivste Desinfektionsmittel! Gibt es leider nur bei der Marine, wer es sich aber besorgen konnte, ist am selben Abend noch von allen Verrissen freigesprochen worden bzw. bei weißer Weste gleich zum Vize aufgestiegen.

Teletubbie: Bei nächtlichen Märschen der letzte und der erste Mann mit einem Blinklicht auf dem Helm. Winke, winke!

Tellermine: Kopfbedeckung der Marine für die erste Geige

Tiefste Gangart: Wie es der Name schon sagt: In dieser Gangart muss sich der Rekrut so bewegen, dass er mit der Nasenspitze Furchen in den Erdboden pflügt. Dabei lernt er wirklich jeden Regenwurm und Käfer beim Namen kennen ...

Tierkörperverwertungsanstalt: Truppenküche

Toilettenwand: Ort, an dem der Rekrut seine aktuelle Tageszahl zu verewigen pflegt.

Trachtenempfang: Einkleidung bei der StOV

Trappos: Transportgruppe

Treppengeländer: Sind ähnlich wie Bänke nur zum Anschauen gedacht. Für jedes Geländer ist zur Bewachung mindestens ein Ausbilder abgestellt, der bei Benutzung sofort lauthals verkündet, dass dieses auch ohne Stütze durch den Soldaten steht.

Truppengattungszugehörigkeitserkennungsüberwurfschlaufe: Litze

Truppenverpflegung: Die Truppenverpflegung ist nicht so schlecht wie ihr Ruf. Sie ist noch hundert Mal schlechter.

Tupperhelm: Der neue und leichte Stahlhelmersatz aus Kevlar, mit dem die heutigen Soldaten verwöhnt werden.

UA: Unteroffiziersanwärter oder auch »Unglaubliches Arschloch«. Sie erkennt man an einem horizontalen Balken. Sie biedern sich bei Vorgesetzten unheimlich an, freuen sich tierisch über Sonderaufträge und lassen keine Möglichkeit aus, die anderen Mannschaftsdienstgrade ohne UA zu denunzieren.

Überlebensregeln:
— Sei nie der Erste!
— Sei nie der Letzte!
— Melde dich nie freiwillig!

Übergewicht: Übergewicht ist beim Bund von Nachteil, da es die Beweglichkeit im Felde sehr einschränkt. Es kann aber auch Vorteile haben, z. B. bei Sanitätsübungen, denn der Schwerste darf sich immer faul in der Krankenbahre räkeln, während seine Kameraden laufen und schleppen müssen.

Überstunden: Überstunden sind jene Stunden, die Ausbilder bezahlt bekommen, Grundwehrdienstleistende hingegen nicht. Da Ausbilder die Neulinge in der Kaserne viel lustvoller schikanieren können als ihre Frauen zu Hause, machen sie in der Regel sehr häufig »Überstunden«.

U-Boot: Ein unbeliebter Rekrut wird in seinem Spind eingeschlossen, alle Ritzen vorne werden mit Panzertape versiegelt. In den so abgedichteten Spind wird nun von der Rückseite durch die Luftlöcher Wasser eingelassen, bis es wieder herausläuft.

udRvh: wieder eine Abkürzung, und zwar für: »**u**nd **d**er **R**est **v**on **h**eute«. Dient dazu, halbe Tage bis zur goldenen Schicht zu bezeichnen.

UE: Abkürzung für »**U**nerlaubtes **E**ntfernen«. Siehe auch EA.

Uffz: Wie macht ein Schwein, wenn es gegen eine Wand läuft?: »Uffz!«

Uffz-Dusche: Einführungsritus für zukünftige Unteroffiziere. Der Übeltäter muss bei möglichst kalter Witterung vor den Block treten, wo er von seinen Kameraden mit einer Feuerspritze berieselt wird. Diese wurde zuvor mit wirklich allem gefüllt, was stinkt und ekelhaft ist: Haarwasser, Parfüm, Tabasco, Pfeffer, Rasierwasser und Rasierschaum, Bier, klebrige Erfrischungsgetränke und andere Sachen, die ich hier nicht erwähnen möchte.

Uniform: Es ist so was von deprimierend, wenn man als frischgebackener Soldat beim ersten Ausgang in Uniform feststellen muss, dass diese schmucken Teile auf das weibliche Geschlecht weitaus weniger Eindruck machen, als es uns dämliche Filme weismachen wollen.

Universalschlüssel: Der Klappspaten. Mit diesem ist selbst das moderne Sicherheitsschloss aus Frankreich null Problem.

Unterricht: Didaktische Einheiten, die der Soldat unbedingt zum Abbau seines Schlafdefizites benötigt.

Urinkellner: Zivildienstleistender

UTM-Gitter: Universale Transversale Merkator-Projektion; es bezeichnet ein spezielles, rechtwinkliges Koordinatensystem, das auf allen militärischen Karten der NATO als Meldegitter verwendet wird.

UvD: Unteroffizier vom Dienst. Sinnigerweise meistens ein Mannschaftsgrad, der damit für 24 Stunden Befehlsgewalt über seinesgleichen erlangt.

Vereidigung: 99 Prozent der Rekruten bekommen erst während der Vereidigung mit, was sie da eigentlich schwören sollen, da sie beim vorherigen staatsbürgerlichen Unterricht geseilt haben. Die Bundeswehr behauptet, dass an den Eid auch diejenigen gebunden sind, die bei der Vereidigung die Finger über Kreuz gelegt haben.

Verfügungsraum: Kein Raum in der Kaserne, sondern das Gelände im Feld, in dem man ackern muss wie befohlen.

Verfügungsraum, Schlüssel zum: Methode, um Soldaten kräftig ins Schwitzen zu bringen. »Sie sollen doch bitte mal den Schlüssel zum Verfügungsraum besorgen!« Mit diesem Auftrag werden die armen Schweine dann zur nächsten Kompaniestelle geschickt und man muss nur noch selbst schnell dort anrufen, damit die Stelle dann auch den Kerl schön weiterschickt ...

Verhalten in der Öffentlichkeit: Ein Ausbilder hat für seine Untergebenen ein Vorbild zu sein. Aus diesem Grunde verhalten sich die Soldaten in der Öffentlichkeit auch so, wie sie es von ihren Vorgesetzten in der Kaserne gewohnt sind: Sie schreien fremde Personen ohne Anlass an, machen ihnen das Leben kurzfristig zur Hölle und sind außerhalb der Kaserne ständig besoffen.

Verlustmeldung: In der Regel wird sie geschrieben, wenn der Rekrut bestimmte Teile seiner persönlichen Ausrüstung (Schlafsack, Rucksack, Essbesteck etc.) auch über seine Dienstzeit hinaus nutzen möchte.

Verpflegungsaufnahme: Essen

Verteidigungsfachangestellter: Antwort eines SaZ auf die Frage: »Was machen Sie beruflich?«

Verteidigungskollege: Kamerad bei den Militärmusikern

Vertrauensperson (VP): Hat die Befugnis seiner Kameraden, den Ausbilder mit sinnlosen Vorschlägen zum Dienstablauf zu foltern; z. B. Zapfanlage in den Fernsehraum, Tittenhefte im GeZi auslegen ...

Videos: Fast jeden Abend flimmern in den Gemeinschaftsräumen international prämierte Kunstfilme wie »Agent 006: sein steifster Auftrag«, »Die durch die Helga gehn« oder »Jurassic Fuck«.

Vize: Fast schon ein Resi

Vormucken: Ein Soldat muckt vor, wenn er beim »Im Gleichschritt: Marsch!« bereits beim »Gleichschritt« losrennt oder beim »Die Augen: links!« den Schädel bereits beim »Die Augen ...« nach links oder womöglich auch noch nach rechts wirbelt.

Vorschrift, steht so in der: Phrase, mit der jede noch so widersinnige Anordnung und jeder noch so schwachsinnige Befehl begründet werden können.

Wache:
1. Das Gebäude am Kasernentor, wo man zu Dienstzeitbeginn sein Gehirn abzugeben hat.
2. Ein sehr beliebter Dienst für Kasernenschläfer. Eine Woche wechselweise Ruhe und Spaziergänge entlang des Kasernenzaunes: und dann eine Woche Dienstausgleich.

Waffenreinigung: Ist mal mehr, mal eher weniger notwendig. Und in Anbetracht des Zustandes einiger G3s Baujahr 1960 sogar höchst überflüssig, da von den Dingern eh nur noch jedes dritte schießt und jedes fünfte trifft.

Wanderampel: Soldat, der in der AGA die besondere ehrenvolle Aufgabe hat, die ganze Gruppe bei Nachtmärschen durch eine gelbe, auf den Helm gesetzte Rundumwarnblinkleuchte zu sichern.

Wartesaal: Ein schon etwas älterer Begriff für die Kantine. Dieser Begriff ist heute nur noch bedingt einsetzbar, da mittlerweile jeder Bundesbahn-Wartesaal mehr Komfort und Gemütlichkeit ausstrahlt als die Kantine beim Bund.

Wäschesack: Aufbewahrungsort für die sauberen Klamotten! Grund: Die in der Grundausbildung gefalteten Ausstellungsstücke im Spind müssen nicht bewegt werden.

Wasser: Ist bei der Bundeswehr grundsätzlich saumäßig kalt. Lässt man es fünf bis zehn Minuten laufen, wird es etwas wärmer, aber genauso schnell wieder kalt. Also Beeilung meine Herren.

Wasser-StUffz: Obermaat

Wechselstellung: Diese ist für jeden Rekruten eine ganz schöne Plage. Denn kaum ist er in einem Loch zum Schuss gekommen, muss er auch schon raus und schnellstmöglich in das nächste hinein.

Wecken: Empfindet man das allmorgendliche Piepsen des Weckers schon als akustische Körperverletzung, so bieten sich beim Bund ganz neue, individuelle Höchstleistungen in puncto Geräuschpegel:
— Wecken durch lautes Brüllen aus der Lautsprechanlage: »Kompaniiiiiiiiie: aaaaauuuuuf-schteeeeeeeehn!«
— Wecken mit der Trillerpfeife (meist in Kombination mit A)
— Wecken durch Manövermunition (so ein Uzi-Feuerstoß weckt gleich die Vorfreude auf den bevorstehenden Geländetag)

Wegschmeißwumme: Handgranate

Wehrbeschwerdeordnung: Gesetz, das regelt, wie eine Beschwerde vom einfachen Rekruten über den Disziplinarvorgesetzten in die Ablege P wandert.

Weitere Befehle, warten auf: Nach der Grundi der wohl häufigste Auftrag für den ganzen Tag

Wendelhörni: Rekrut, der durch Schrittverschleppen auffällt, der Ausbilder immer wieder mit falschem Dienstgrad anredet oder der beim »Abteilung: Halt!« immer noch einen Extraschritt macht.

Widmung: Persönliches Geleitwort, das in keiner Ausgabe des Reibert (dem Handbuch für den Deutschen Soldaten) fehlen darf! Tipp: die Widmung sollte nicht von Tante Erna sein. Viel wirkungsvoller ist: »Meinem Lieblingsneffen alles Gute in meiner Truppe. Bei Problemen wende Dich immer vertrauensvoll an mich. Generalmajor Schlagdenhauffen.« Den so präparierten Reibert sollte man natürlich so oft wie möglich offen in der Stube herumliegen lassen und ihn bei jeder Gelegenheit seinem Vorgesetzten als Nachschlagewerk anbieten.

Willkür: Eine beim Bund sehr weit verbreitete Verhaltensweise, die auf die Übersättigung mit Vorschriften zurückzuführen ist.

Winterkirschen: Hämorriden

Wirkungstrinken: Ein alter, fast schon historischer Brauch, bei dem so lange gebechert wird, bis der Alkohol seine volle Wirkung entfaltet. Verloren hat, wer als Erster umfällt.

XANTHIPPE/DONAUWALZER/PAPILLE/TEERTOPF: Saublöde und bescheuerte Codewörter beim Funkverkehr.

Y-Tours / Y-Reisen: Y-Tours, wir buchen – Sie fluchen ... Abgeleitet von dem Y auf den Bundeswehrfahrzeug-Kennzeichen.

Z-Sau/Zetti: Ist eine Zeit-Sau. Er hat sich verpflichtet, und zwar gleich auf mehrere Jahre. Kleiner Tipp: Unbedingt Umgang meiden. Nein, den Kerl sogar ächten.

Zahnarzt: Ist bei der Bundeswehr wirklich ein Zahnarzt. Wichtig ist vielleicht noch die Lehrveranstaltung, bei der dieser Zahnarzt den Rekruten den richtigen Umgang mit einer Zahnbürste anhand eines überdimensionalen Gebisses veranschaulicht. So etwas hat jeder das letzte Mal im Kindergarten erlebt. Wahrscheinlich vermutet die Heeresführung einen hohen Anteil kindlicher Gemüter in den eigenen Reihen.

Zaunkönig: Er ist der ungekrönte König am Zaun: der Wachsoldat.

ZDv: Zentrale Dienstvorschrift. Enthält Perlen deutscher Literatur.

Zeckenpisse: Wieder ein Begriff von der U-Boot-Truppe. Es ist Wasser, das im U-Boot von der Decke tropft.

Zeitsau: Ist ein Längerdienender

Zentimeterfresser: Jeder Tag einen Zentimeter weniger am Maßband

Zentralverriegelung: Ist ein Sicherheitsmechanismus, der eintritt, wenn man sich mehr Alkohol in den Hals schüttet, als eigentlich mit Gewalt hineingehen würde.

Zersetzer: Sehr kluger Soldat, der sich der alltäglichen Wehrschikane entzieht, indem er sich bei jedem Anzeichen von schweißtreibender oder auch sonst irgendeiner Arbeit auf seinen Status beruft oder direkt um Versetzung zum Stab bittet.

Zigarettenetui: Eigentlich als Schickimicki-Teil verpönt. Ist aber notwendig, um nach einer Geländerunde noch eine intakte Zigarette rauchen zu können. Und da springt dann jeder Soldat über seinen eigenen Schatten.

Zippo: Kennt auch der Zivilist als Feuerzeug. Das Problem ist nur, dass die Zigarette danach nach Benzol schmeckt und es auch nach drei Tagen Gelände nicht mehr funktioniert. Entweder das Benzin ist verdampft oder die Feuersteine sind verbraucht.

Zivilist: Durch den Kasernenzaun hindurch betrachtet müssen alle Zivilisten glückliche Menschen sein.

Zivilunken: Zivilangestellte; sie werden umgehend eingestellt, wenn sich die Führungsebene nicht traut, Rekruten für unbequeme Arbeiten einzuteilen.

Zivilversager (ZV): Leute, die im zivilen Leben selbst zum Tischabwischen bei Fast-Food-Ketten zu doof sind. Beim Bund hingegen wird diesen Leuten ein sicherer Arbeitsplatz mit der verfassungsrechtlich festgelegten Garantie, nie ernsthaft arbeiten zu müssen, geboten. Eine echte Verantwortung braucht auch niemand zu übernehmen, da es immer einen Vorgesetzten oder eine Vorschrift gibt, die genau besagt, wie zu verfahren ist. Quartalsmäßig treffen auch noch frische Rekruten ein, die einem erheblich helfen, die eigenen Minderwertigkeitskomplexe quasi am lebenden Objekt abzureagieren. Aber dank der Bundeswehr ist der ZV kein Sozialfall.

ZM: Abkürzung von »zu mir« . Wird vor allem von Ausbildern gebraucht, die des Sprechens zu faul sind.

ZMZZ: Verschärfte Form des Befehls »zu mir«:»Zu mir, zack, zügig!«

Z.M.Z.Z.I.L.S.P.W.: Verschärfte Form des Befehls ZMZZ: »Zu mir, zack zack, im Laufschritt, sonst passiert was«

Zugfest: Befohlener Alkoholrausch

Zugführer: Das sind meistens blutjunge Offiziere, die selbst zum Straßenrandputzen bei der Stadtreinigung zu blöd waren und sich aus diesem Grunde für eine Offizierslaufbahn entschieden haben. Im Gegensatz zu ihren zivilen Kollegen, die wenigstens Kraftfahrzeuge führen dürfen, darf der Zugführer Horden antriebsloser Wehrpflichtiger anführen, was auf Dauer ganz schön frustrierend sein kann.

Zwiebelbeutel: Nicht zu verwechseln mit dem »Zwiebelnetz« (siehe nächster Eintrag). Bei diesem Ausrüstungsgegenstand handelt es sich eigentlich um den Mückenschleier.

Zwiebelnetz: Dieses olivgrüne Netz ist eigentlich für den Stahlhelm gedacht, um daran Gras, Zweige oder Moos zu befestigen. Dieses Netz kann man auch zum Brötchenholen verwenden.

Zwölfender: Hat sich auf ganze zwölf Jahre verpflichtet

1–9

1 StOV: Langsamste, gerade noch messbare Geschwindigkeitseinheit

3-0-3: Ist eine Null, hat aber rechts und links drei Pickel. Inoffiziell für einen Hauptmann.

3-M-Quartal: Steht für »Metzger, Maurer, Mörder«. Bei den Ausbildern gefürchteter Einberufungstermin, an dem die geistig »einfach Strukturierten« ihren Wehrdienst beginnen müssen.

5- oder 10-Kilo-Begrenzungsschein: Der Besitzer eines solchen Scheines ist ein Glückspilz. Er hat die offizielle Erlaubnis, einem ranggleichen oder rangunteren Kollegen mit einem frechen Grinsen sein gesamtes Marschgepäck zu übergeben. Da sogar die geringste Minimalausrüstung, die mitgeführt werden kann, die Höchstlast von 5 oder 10 Kilo überschreitet, sind die glücklichen Trage-Befreiten bei jeder Truppenbewegung ohne Gewichtsbelastung unterwegs.

5 Millimeter: Nach Meinung der Ausbilder die längsten Haare der Welt.

9 schlagende Argumente: Pistole 9 mm , 8 Schüsse im Magazin, 1 im Lauf.

20-2-5-Methode: Eine Methode der Nahrungsaufnahme, die unter Soldaten in der Grundausbildung bekannt ist: 20 Minuten anstehen, 2 Schrippen erbeuten und diese in 5 Minuten verschlingen.

32-schüssige Handgranate: Anderer Begriff für die Uzi-Maschinenpistole. Leider »explodiert« sie nicht immer nur beim Gegner.

4711: Merkformel für Baugruppen der Gewehre:
Uzi → 4 Teile
G3 → 7 Teile
MG → 11 Teile

DIE HAUPTDARSTELLER

 *Zum Abschluss kommt nun noch eine kleine Erklärung des Wer-ist-Wer in der Bundeswehr.*
Ich muss aber deutlich dazusagen, dass diese Charakterisierungen nicht ganz meiner Überzeugung entsprechen, aber es soll mir ja keiner nachsagen können, dass ich keinen Spaß verstünde. Böse Zungen behaupten jedenfalls Folgendes:

Sol (Soldat)	weiß nichts
Gefr (Gefreiter)	weiß alles
OGefr (Obergefreiter)	weiß alles besser
HGefr (Hauptgefreiter)	will alles besser wissen
Uffz (Unteroffizier)	kann lesen
StUffz (Stabsunteroffizier)	kann schreiben
Fw (Feldwebel)	kann lesen und schreiben
OFw (Oberfeldwebel)	weiß, wer lesen und schreiben kann, und kann Ortsgespräche führen
HFw (Hauptfeldwebel)	kann Ferngespräche führen
Lt (Leutnant)	weiß, wo alles steht
OLt (Oberleutnant)	glaubt alles zu wissen
Hptm (Hauptmann)	ist der, der es eigentlich wissen müsste
Major	unterschreibt nur, was er lesen kann

OTL (Oberstleutnant)	denkt, dass alles richtig ist, was er unterschreibt
Oberst	weiß nicht alles, was er unterschreibt
General	fragt, wo er unter-schreiben soll
Staatssekretär	trägt die Aktentasche des Ministers
Minister	glaubt, dass alles in seiner Aktentasche ist, was er wissen müsste

Oder auch in anderen Worten, aber nicht minder böse:

* Der General
Springt über Häuser,
ist stärker als eine Lokomotive,
ist schneller als eine Pistolenkugel,
wandelt auf dem Wasser,
spricht zu Gott.

*Der Oberst
Springt über kleinere Häuser,
ist so stark wie eine Lokomotive,
ist so schnell wie eine Pistolenkugel,
wandelt auf dem Wasser nur bei ruhigem Wind,
spricht manchmal zu Gott.

* Der Oberstleutnant
Springt manchmal über kleinere Häuser,
ist so stark wie eine Spielzeuglokomotive,
ist fast so schnell wie eine Pistolenkugel,
wandelt auf kleinen, ruhigen Gewässern,
spricht selten zu Gott.

Der Major
Springt über Hundehütten,
stoppt manchmal Spielzeuglokomotiven,
kann sehr schnell mit der Pistole schießen,
wandelt auf dem Wasser einer Badeanstalt,
wird von Gott angesprochen.

Der Hauptmann
Springt manchmal über kleinere Hundehütten,
stolpert über Bahngleise,
kann unter Anleitung mit der Pistole schießen, ohne sich zu verletzen,
kann gut schwimmen,
wird manchmal von Gott angesprochen.

Der Oberleutnant
Fällt über Hundehütten,
stolpert über Spielzeuglokomotiven,
an ihn wird vorsorglich keine Munition ausgegeben,
kann sich unter Anleitung mit Mühe über Wasser halten,
spricht zum Wasser.

Der Leutnant
Rennt gegen Häuser,
stolpert über die Schwelle, wenn er ein Haus betritt,
macht sich mit einer Wasserpistole nass,
kann sich in der Badewanne kaum über Wasser halten,
spricht zu sich selbst.

Der Hauptfeldwebel
Hebt Häuser hoch und geht unter ihnen hindurch,
hebt Lokomotiven aus ihren Gleisen,
fängt Pistolenkugeln mit den Zähnen und zermalmt sie,
lässt durch seine Blicke Wasser zu Eis erstarren,
ER IST GOTT.

DIE ABKÜRZUNGEN

Hier wie versprochen für alle, die sich weiterbilden wollen, alle Abkürzungen in der Übersicht:

A. B.	Auf Befehl
a. D.	außer Dienst
a. d. D.	auf dem Dienstweg
AAP	Ausbildung am Arbeitsplatz
ABC	atomar, biologisch, chemisch
ABCAbw	ABC-Abwehr
Abt	Abteilung
AE	Aufwandsentschädigung
AGA	Allgemeine Grundausbildung Das ist die Bezeichnung für die Ausbildung in den ersten drei Monaten im Wehrdienst.
AnlBl	Anlagenblatt
AP	Alarmposten
Aufkl	Aufklärung
Ausb	Ausbildung
Ausbr	Ausbilder
Az	Aktenzeichen
Bef	Befehl
Bespr	Besprechung
BG	Brigandengeneral
BiWaK	(Achtung, Ironie) Bundeswehr im Wald außer Kontrolle, das bezeichnet die netten Campingeinlagen während der AGA-Zeit. (frz. bivouac, Feldlager, Nachtlager)
BL	Bruttolage

BO	Berufsoffizier
BP	Bezugspunkt
Brig	Brigade
BS	Berufssoldat
Btl	Bataillon
BV	Besonderes Vorkommnis
BvW	Bootsmann vom Wochendienst
BwKrhs/BWK	Bundeswehrkrankenhaus
d. R.	der Reserve
DA	Dienstantritt
DBwV	Deutscher Bundeswehr Verband e.V.
DE	Diensteintritt
DiZi	Disziplinarverfahren
Dst	Dienst
Dv	Dienstvorschrift
DZA	Dienstzeitausgleich
DZE	Dienstzeitende Das ist der Zeitpunkt, an dem man zum Ausscheider wird und somit den Wehrdienst absolviert hat.
EloInst	Elektronikinstandsetzung
EloKa	Elektronische Kampfführung
FA	Feldwebelanwärter
Fähnr (FR)	Fähnrich
F. d. R.	Für die Richtigkeit
Fhj (FJ)	Fahnenjunker (Offiziersanwärter)
Fhr	Führer
FJg	Feldjäger
FschJgBtl	Fallschirmjägerbataillon
FschSpr	Fallschirmspringer
FvW	Feldwebel vom Wochendienst
FW (F)	Feldwebel
FWDL	Freiwillig zusätzlich Wehrdienstleistender
GA	Grundausbildung
G-Akte	Gesundheitsakte
GebJg	Gebirgsjäger
Gefr	Gefreiter
GemVpfl	Gemeinschaftsverpflegung

Gren	Grenadier
GvD	Gefreiter vom Dienst
GWDL	Grundwehrdienstleistender
HGr	Handgranate
Hiba	Hindernisbahn
HFW	Hauptfeldwebel
HptGefr (HG)	Hauptgefreiter
Hptm (H)	Hauptmann
HUMAF	Heeres- und Marine-Abkürzungs-Fimmel
HQ	Hauptquartier
ID	Innendienst
i. G.	im Generalstabsdienst
IGA	Infanteristische Grundausbildung
i. R.	im Ruhestand
Inf	Infanterie
InFü	Innere Führung
Inst	Instandsetzung
JaBo	Jagdbomber
JaBoG	Jagdbombergeschwader
JAG	Judge Advocate General
Jg	Jäger
Kal	Kaliber
Kdr	Kommandeur
Kp	Kompanie
KpChef	Kompaniechef
KpFw	Kompaniefeldwebel
KvD	Kraftfahrer vom Dienst
KWEA	Kreiswehrersatzamt
KzH	Krank zu Hause
LL	Luftlande ...
Lt (L)	Leutnant
MAD	Militärischer Abschirmdienst
MdW	Maat der Wache
MG	Maschinengewehr
MK	Maschinenkanone
MKF	Militärkraftfahrer
MP	Maschinenpistole
Msch	Mannschaft

MTW	Mannschaftstransportwagen
MvD	Matrose vom Dienst
n. D.	nach Dienst
N.f.D.	Nur für Dienstgebrauch
NL	Nettolage
OLT (OL)	Oberleutnant
OFähnr (OFR)	Oberfähnrich
OFeld/OFw (OF)	Oberfeldwebel
OGefr (OG)	Obergefreiter
OMT	Obermaat
OPZ	Operationszentrale
OStFw (OSF)	Oberstabsfeldwebel
OStGefr (OSG)	Oberstabsgefreiter
OvD	Offizier vom Dienst
OvSt	Offizier vom Standortdienst
OvWa	Offizier vom Wachdienst
PK	Personenkennziffer
Pz	Panzer
PzGren	Panzergrenadier
PzGrenBtl	Panzergrenadierbataillon
ROA	Reserve-Offizieranwärter
RSan	Rettungssanitäter
San (Sani)	Sanitäter
SaZ	Soldat auf Zeit
Schtz	Schütze
Sdt	Soldat
StFw (SF)	Stabsfeldwebel
StGefr (SG)	Stabsgefreiter
StHptm (SH)	Stabshauptmann
Stff	Staffel
StOÜbPl	Standortübungsplatz
StOV	Standortverwaltung
StUffz (SU)	Stabsunteroffizier
TDv	Technische Dienstvorschrift
TTV	Tarnen, Täuschen, Verpissen
Trp	Truppe

TrÜbPl	Truppenübungsplatz
Uffz (U)	Unteroffizier
UvD	Unteroffizier vom Dienst
ÜbMun	Übungsmunition
ÜbPl	Übungsplatz
Vbd	Verband
VP	Vertrauensperson
WaOffz	Waffenoffizier
ZDv	Zentrale Dienstvorschrift

AAAAAACHTUNG!

Als Kampfausbilder bei der Bundeswehr hat man natürlich sehr viel erlebt. Hat viele Schlappschwänze und Muttersöhnchen gesehen, aber auch heldenhafte Rekruten trainiert. Da aber die glorreiche Zeit der freiwilligen Zwangsmilitarisierung nun zu Ende ist, habe ich noch einmal alles zusammengefasst, was es über die Bundeswehr und meinen Arbeitsplatz zu sagen gibt. Als Erinnerung an die goldenen Zeiten.

Aber merket wohl: Mäuse werde ich weiterhin durch die harte Schule der Bundeswehr schicken. Denn es hat noch keinem geschadet, zu wissen, wie man ein Hemd tipptopp faltet, eine Stube gründlich reinigt oder auf dem Bauch gleitend einen Hindernisparcours absolviert.

In diesem Sinne: Auf die Stuben wegtretäääään!!!

DAS DEPPENLAND IST ZURÜCK!